ARBEITSTEXTE FÜR DEN UNTERRICHT

Migrantenliteratur

Für die Sekundarstufe herausgegeben
von Peter Müller und Jasmin Cicek

Philipp Reclam jun. Stuttgart

RECLAMS UNIVERSAL-BIBLIOTHEK Nr. 15059

Gesamtherstellung: Reclam, Ditzingen. Printed in Germany 2007

ISBN 978-3-15-015059-7

www.reclam.de

Inhalt

Vorwort

Ein vom Statistischen Bundesamt im Jahr 2005 durchgeführter Mikrozensus macht deutlich, dass Menschen, die einen Migrationshintergrund haben, einen wesentlich größeren Anteil an der Gesamtbevölkerung ausmachen als bisher angenommen. Die neue Statistik »zeigt, dass etwa jeder fünfte Bewohner der Republik zugewandert ist oder immigrierte Eltern bzw. Großeltern hat« (*Kleine Revolution der Amtsstatistik*, *Süddeutsche Zeitung* vom 6. Juni 2006). Darüber hinaus weist die Studie darauf hin, dass die Schulen künftig mit weiter steigenden Zahlen von Zuwanderern rechnen müssen. »So stellen Migrantenkinder bei den Sechsjährigen heute einen Anteil von genau einem Drittel« (ebd.). In den Großstädten liegen die Werte noch viel höher. Vor diesem Hintergrund erweist sich der bis »in die 90er Jahre [...] in der parteipolitischen und öffentlichen Meinung [...] selten angefochtene Konsens, daß Einwanderung und Exil als vorübergehende und unwesentliche Erscheinung im Leben der Republik zu [...] betrachten sei« (Chiellino, 2000, S. V), als völlig haltlos.
Die genannten Zahlen spiegeln sich in den Medien wider. Es vergeht kaum ein Tag, an dem nicht über Einwanderung, Parallelgesellschaften, Probleme an Schulen, Bildungshemmnisse für Migrantenkinder und Ähnliches berichtet wird. Es ist offensichtlich, dass der Migrationsprozess die deutsche Gesellschaft spürbar beeinflusst und auch verändert hat. Dies gilt ebenso für die deutsche Literatur. Obwohl bis auf wenige Ausnahmen Autoren mit Migrationshintergrund in der deutschen Leserschaft kaum einen größeren Bekanntheitsgrad erreicht haben, stellen ihre Werke einen wichtigen Beitrag zur deutschen Literatur dar. Harald Weinrich unterstreicht die Bedeutung dieser Autoren und ihre Stellung in unserer Gesellschaft, wenn er feststellt, dass »Deutschland [...] ein Land [ist],

aus Sprache und Geschichte gemacht, und alle Personen, die von der deutschen Sprache einen solchen Gebrauch machen, […] diese Geschichte weiterschreiben, […] unsere natürlichen Landsleute [sind], sie mögen von innen kommen oder von außen« (Weinrich, 1983, S. 920).
Schon seit vielen Jahren wird diese Literatur in den Deutschunterricht mit einbezogen. Dafür gibt es gute Gründe. Die Präsidentin der Kultusministerkonferenz erklärte im Anschluss an die Europäische Erziehungsministerkonferenz des Europarates in Athen 2003: »Zum Bildungs- und Erziehungsauftrag der Schule gehört es, für unterschiedliche kulturelle Prägungen sowie religiöse und weltanschauliche Überzeugungen offen zu sein, um damit Solidarität sowie interkulturelle Kompetenzen zu fördern« (Wolff, 2003). Diese Feststellung rückt ins Bewusstsein, dass interkulturelle Kompetenzen als Schlüsselqualifikation in der Bildung gelten. Die Literatur von Migranten erscheint als besonders geeignet, einen Beitrag zur Vermittlung dieser Kompetenzen zu leisten.
Die Texte dieser Anthologie bieten den Schülern die Möglichkeit, Einblicke in Lebensbereiche zu gewinnen, die für sie bis dahin womöglich hinter Vorurteilen und/oder falschen Vorstellungen verborgen lagen. Sie begegnen darin fremden Lebensweisen und Mentalitäten ebenso wie der ganz eigenen Kultur der Ausländer in Deutschland. Wenn Deutsche zu einer solchen inter- und transkulturellen Auseinandersetzung bereit sind, leisten sie einen Beitrag zur Integration von Einwanderern in unsere Gesellschaft. Vielleicht ist es nur ein kleiner Schritt, aber immerhin ein Schritt, um zwischen den Kulturen Brücken zu schlagen.
Die ausgewählten Texte stammen aus der Gegenwart und führen zurück bis in die Mitte der 60er Jahre, der Anfangszeit der Immigrantenliteratur. Bei der Auswahl wurden Autorinnen und Autoren berücksichtigt, deren Muttersprache nicht Deutsch ist, die aber bis auf wenige Aus-

nahmen in ihrer Wahlsprache Deutsch schreiben. Ebenso vielfältig wie ihre Herkunftsländer sind die Gründe für ihre Einwanderung und die Themen, die diese Autoren behandeln. Die ausgesuchten Texte wurden in vier Themengebiete eingeordnet. Diese Gliederung soll es ermöglichen, die Texte unter einem bestimmten Fokus zu lesen und eine gezielte Auseinandersetzung der Schüler mit zentralen Problembereichen der Immigration anzuregen.

Im letzten Teil der Textsammlung finden sich ausgewählte Sachtexte und Übersichten. Diese sind zur Vertiefung des Themas geeignet, dienen teilweise aber auch dem besseren Verständnis der literarischen Texte. Den Abschluss bildet ein Angebot von Aufgaben bzw. Arbeitsaufträgen, die die Behandlung der Texte in Gang setzen und im Unterricht ausführlicher bearbeitet werden können. Einen Anspruch auf Vollständigkeit erheben diese nicht, sondern verstehen sich als Anregung.

I. Die verlorene Heimat – verloren in der Heimat?

1. Ismet Elçi: Sinan ohne Land oder Memo, mein Vater
(Auszug)

Mein Vater saß vor dem brennenden Kamin und hatte in seiner Hand eine Gebetskette. Er spielte mit ihr und sah so aus, als ob er in tiefen Gedanken versunken sei. Das Licht der Flammen aus dem Kamin erhellte sein Gesicht, das etwa seit einer Woche nicht rasiert worden war. Seine Augen gaben einen leeren, unverständlichen Ausdruck wieder.

Ich schlich mich in seine Nähe. Ich berührte sein Knie und lachte dabei. Mein Vater drehte allmählich seinen Kopf herum und sah mich an. Seine Augen blendeten mich plötzlich, und ich konnte in diesem Moment in seinem Blick eine unerklärliche Feindseligkeit sehen. Mein Herz schauderte. Ich war sprachlos. Mein Vater sprach mit einer heiseren Stimme: »Was gibt es, du dreckiger Hund?«

Dieser Ausspruch war die allgemeine Ausdrucksform unseres Vaters. Wir, alle Kinder, waren daran gewöhnt.

»Vater«, sagte ich und wartete. Wir schauten uns gegenseitig in die Augen.

»Vater! Warum kann unser Lehrer kein Kurdisch! Er unterrichtet immer in der türkischen Sprache. Keiner versteht ihn. Wenn er kurdisch unterrichten würde, ich schwöre es bei Allah, würden wir alles verstehen.«

Ich glaube, ich lachte, während ich mit ihm sprach. Er schrie mich an, als ob er in mein Gesicht spucken würde. »Warum grinst du so dumm, wie ein Totenkopf? Hä!!«

Er drehte seinen Kopf gegen die Flammen, lachte stöhnend und erwähnte den Gottesnamen und seinen Propheten Mohammed, drehte sich blitzschnell zu mir und sprach mit einer Donnerstimme. Vor Angst kam es mir so vor, als ob das Herz aus meiner Brust herausspringen würde.

»Du Eselssohn! Schaut her, was dieser Scheißer sagt! Du Schwein, wer bist du denn, daß du dich in die Angelegenheiten des Lehrers einmischt? Du dreckiger Hund, verschwinde aus meiner Nähe, ich will nicht mehr so einen Quatsch von dir hören. Verstanden?! Scher dich zum Teufel!«

Ich sah, daß er seine Hand gegen mein Gesicht erhob. Ich konnte mich nicht rechtzeitig ducken. Mit dem Platzen und Schmerzen der Ohrfeige, die ich auf meiner linken Wange spürte, fiel ich schreiend auf die Seite. Der Ohrfeige folgte ein Fußtritt.

Eine weiche und warme Hand berührte mich. Ich wendete meine tränenden Augen. Ich sah, daß meine Mutter mich in ihre Arme zu nehmen versuchte. Ich sprang an ihren Hals und weinte noch toller. Ich hörte, wie meine Mutter plötzlich seufzte. Da sah ich vor den Füßen meiner Mutter ein Stück Holz. Mein Vater hatte anscheinend das Holzstück, das vor dem Kamin lag, nach meiner Mutter geworfen. Mein Vater schimpfte weiter. Aus Angst begannen auch meine anderen Geschwister zu weinen. Das Ein-Zimmer-Wohnhaus, das wir mit unseren zwei Kühen teilten, war plötzlich voll von Schreien und Schluchzen. Ich sah, wie sich mein Vater mit großer Wut erhob und sich zornig auf uns stürzte. Fluchend und schimpfend schlug er uns alle zusammen. Nachdem sich sein Zorn gelegt hatte, verließ er das Haus.

Warum hatte meinen Vater so ein derartiger Zorn erfaßt? Warum schlug er uns zusammen? Ich glaube, ich war derjenige, der diese Auseinandersetzung auslöste. Ich verstand dann, daß sich mein Vater meinetwegen geärgert hatte, da ich die Absicht zeigte, mich in die Angelegenheiten unseres Lehrers einzumischen. Vielleicht hatte ihn nur meine Frage in Zorn versetzt. Aber mein Vater konnte auch nicht so gut türkisch. Wir sprachen zu Hause immer kurdisch miteinander. Mein kleines Denkvermögen konnte keine Antwort auf diese Unterscheidung finden.

Mein Vater und meine Mutter stritten auch sehr häufig. Wenn meine Mutter dabei die Sätze »Aus dir wird nichts« oder »Was für ein Mann bist du?« verwendete, zeigte er gleich seine Männlichkeit. Mit einer Ohrfeige warf er dann meine Mutter auf den Boden unseres Ein-Zimmer-Hauses, der nur aus Erde bestand, und drang mit Fäusten und Fußtritten auf sie ein. Meistens schlichen wir uns zu unserer Mutter, weil wir mir ihr Mitleid hatten, wenn sie mit starken Schmerzen und Tränen auf dem Boden lag. Wenn das der Fall war, erhielten wir hinterher ebenfalls in ausreichendem Maße Prügel und Schläge von unserem Vater.

Mein Vater. Eigentlich hatte ich Schwierigkeiten, ihn als Vater anzuerkennen. Als ich ein kleines Kind war, sagte ich zu ihm *Vater*, weil ich Angst vor ihm hatte. Nachdem ich mein achtes, neuntes Lebensjahr erreicht hatte, spürte ich in mir, wie sich ein Haßgefühl gegen ihn entwickelte. In diesem Zeitraum fand ich sehr viele Ereignisse so seltsam, daß in meinen Gedanken Tausende von Fragen auftauchten. Ich konnte keine Antwort darauf finden. Besser gesagt, es gab kein Gottesgeschöpf, das meine Fragen beantworten konnte.

Als mein Vater sechzehn Jahre alt war, verliebte er sich in die Tochter seines Onkels. Er hatte sie sehr geliebt. Wegen der schlechten finanziellen Lage meines Vaters, bzw. seines Vaters, hatte sein Onkel ihm die Tochter nicht gegeben. Das Mädchen liebte meinen Vater auch. Eines Tages war dieses Mädchen mit anderen Freundinnen aus dem Dorf auf die Berge gegangen, um Bete zu pflücken. Als sie Bete pflückte, entführte mein Vater die Tochter seines Onkels. Aus Angst versteckten sie sich ein Jahr lang in anderen Dörfern. Fünf Jahre vergingen. In der Zeit versöhnten sich beide Familien. Die Tochter seines Onkels gebar drei Kinder.

Mein Vater hatte keinen Beruf. Von Erntezeit zu Erntezeit verdingte er sich als Mäher. Außerdem hatte er eine gute Stimme, vor allem für die alten Volkslieder. Daher sang er auf Hochzeiten und bei Dorftheatern. Für diese Tätigkeit bekam er auch ab und zu einmal Geld. Dies waren die einzigen Einkommensquellen meines Vaters.
Eines Tages ging mein Vater mit seinen Freunden ins Nachbardorf, um dort für seinen Freund eine Ehefrau zu suchen. Bei diesem Besuch sah er ein Mädchen, das ihm unheimlich gefiel; er verliebte sich in sie. Etwa nach zwei Monaten entführte er, obwohl er Vater von fünf Kindern und in seinem 29sten Lebensjahr war, dieses vierzehn Jahre alte Kind.
Es verging viel Zeit. Die zwei Frauen gebaren für meinen Vater genau zwanzig Kinder; drei davon starben an Windpocken. Wir sind nun noch siebzehn Geschwister, neun Mädchen und acht Jungen. Als meine Schwestern ihr fünfzehntes und sechzehntes Lebensjahr erreichten, wurden sie verheiratet.
Mein Vater; er ist Vater von zwanzig Kindern und hat zwei Frauen, aber besitzt keinen Pfennig Geld. Mein Vater; welcher uns am Abend mit Prügel satt machte und ins Bett zum Schlafen schickte. Mein Vater, der keine Verantwortung dem Menschenleben gegenüber trug, der nur an sein eigenes Leben, nur an sein Sex-Vergnügen dachte. Mein Vater, der ein Egoist war.

2. *Melek Baklan: Ich wurde zur Frau erzogen!*

Eines Tages sagte ich zu meinem Erzeuger:
»Ich will weg von hier. Ich ersticke in einer Umwelt, in der ich niemals ich selbst sein kann.«
»Du willst weg von hier?« sagte er. »Aus einer Welt, in der du niemals du selbst sein darfst? Du bist ein Teilchen einer

langen Kette, die du niemals unterbrechen darfst. Als Individuum bist du nur eine Null. Du bist nur jemand zusammen mit deinen Eltern, deiner Familie, deinen Schulkameradinnen; außerhalb dieser Hierarchie bist du nichts, ein Dreck. Bevor du etwas sagst, mußt du dir überlegen, ob du nicht deine Freunde, deine Partei, deine Gewerkschaft, deine Nachbarn, deine Eltern und deine Familie schädigst. Du darfst nur das sagen und das tun, was die anderen auch sagen und tun. Niemals aus der Reihe tanzen!

Was wurde dir beigebracht, denk mal darüber nach. Dir wurde gesagt, ›Freiheit ist nur in der Gemeinschaft süß und schön!‹. Ein Individualist ist ein Provokateur, und ein solcher kann niemals ein Glied unserer, mit Mühe geschaffenen Kette sein. An der schwächsten Stelle bricht sie am schnellsten, darum müssen alle Schwachen aus der Gemeinschaft herausgenommen werden. Als Frau hast du erst recht keinen Anspruch, ein Glied in einer Kette zu sein. Frauen können niemals kämpfen und töten, weil sie Leben schaffen. Darum dürfen sie in unserer Bewegung nur die Peripherie besetzen. Für die Front brauchen wir Stärkere, die fähig sind zu zerstören. Eine Frau ist niemals zerstörerisch, und das darf sie auch nicht werden. Sie baut nur auf. Sie gibt das Leben und die Lust zum Leben. Sie ist die Lust selbst.

Ein Mann wird dich nehmen, aber du darfst dir niemals einen Mann nehmen. Das gehört sich nicht. Wo kommen wir hin, wenn Frauen sich ihre Männer aussuchen und darauf bestehen, sie zu nehmen. Außerdem, welcher Mann wird damit einverstanden sein, von einer Frau genommen zu werden. Das gehört sich nicht; deine Urgroßmütter und deine Mütter haben auch nicht versucht, sich etwas anzueignen, etwas an sich zu reißen. Du darfst nur dann lieben, wenn du geliebt wirst. Niemals umgekehrt!

Was wolltest du? Du wolltest dir einen Mann nehmen, der schwächer ist als du, und der darauf wartet, von dir geliebt

zu werden, damit er dich auch lieben kann. Erstens: Es gibt keinen schwachen Mann, alle Männer sind stark, auch wenn sie vom Aussehen her schwach wirken. Zweitens: Wage nicht, uns zu widersprechen! Es ist uns egal, ob wir dich als Kind nicht streng genug gehalten haben. Auch wenn du dadurch selbständig und selbstbewußt geworden bist, interessiert uns das nicht. Wir versuchen, diesen Fehler jetzt zu korrigieren, weil wir jetzt merken, daß du dich zu einer Außenseiterin entwickelst.
Wenn du den Mann heiratest, den du dir ausgesucht hast, werden wir zwar zustimmen, aber mit einer kleinen Bedingung: Nach der Heirat werden wir dich nur unterstützen, wenn ihm etwas zustoßen sollte, sonst nicht. Du darfst dich nicht scheiden lassen oder auf einer Trennung bestehen, wenn ihr euch nicht versteht. Nicht nur weil du dir diesen Mann selbst ausgesucht hast, sondern auch weil du Rücksicht auf uns, die Nachbarn, die Freunde nehmen mußt. Die Ehre hängt davon ab, ob du eine fügsame, anständige Frau bist. Das ist deine oberste Pflicht. Widersprich uns nicht, das gehört sich nicht.
Ein Mann darf natürlich, egal aus welcher Schicht er kommt und nach welchen Kriterien er eine Frau genommen hat, seine Frau verlassen. Das sagen doch unsere Gesetze! Du meinst, sie wurden von Männern gemacht! Das tut nichts zur Sache. Außerdem, wie du siehst, sind die Männer schlau, sie sind imstande, Gesetze zu machen.
Du möchtest ins Kino gehen? Deine Freundinnen besuchen? In der Stadt einkaufen? Bitte schön, du darfst es tun, aber zuerst mußt du deinen Mann fragen. Wenn er nein sagt, darfst du nicht gehen, und frage nicht nach dem Grund, er weiß es besser als du. Es tut nichts zur Sache, daß du ein viel längeres Studium hattest als er. Was kann ein kleines Frauengehirn schon viel lernen. Abgesehen von den langen Haaren, die den Verstand vom Kopf auf die Schultern gezogen haben. Nicht umsonst haben unsere

Greise gesagt: ›Lange Haare, kurzer Verstand!‹ Von mir aus kannst du dir die Haare kurz schneiden lassen. Auch das ändert nichts an der Tatsache, daß du ein minderwertiges Geschöpf bist. Deine Geschlechtsorgane drängen nicht mit aller Gewalt nach außen, was kannst du schon ohne den fehlenden Teil zwischen deinen Beinen leisten? Nicht umsonst haben unsere Greise gesagt: ›Ein unvollständiger Schoß ist ein unvollständiger Mensch! Erwarte nicht viel von ihm!‹ Du brauchst keinen Spiegel hinzuhalten, um dich zu betrachten und dich zu fragen, ob es stimmt oder nicht. Es stimmt!

Du willst den Sohn des Schlachters heiraten, aber überlege es dir vorher ganz genau. Er ist nur der Sohn eines Schlachters. Wir haben keine Vorurteile, aber was kann er dir schon bieten? Gut, er hat dich gern und ist bereit, deine Wünsche und Bedürfnisse zu erfüllen. Aber vergiß nicht, auch er wurde in dieser Gesellschaft zum Mann erzogen. Darum meinen wir, heirate den Ingenieur oder aber den Arzt, der dich einmal vom Fenster seines Hauses gesehen hat. Er sagte, du seist ein stolzes und selbstbewußtes Mädchen, das er mit Freuden zähmen würde. Er will aus dir eine richtige Frau machen!

Unsere Pflicht als Eltern von Töchtern ist es, sie so schnell wie möglich zu verheiraten, damit sie keine Dummheiten mehr machen können. Welch eine Schande, wenn eine Tochter ein uneheliches Kind bekommt oder mit einem Mann unverheiratet zusammen lebt! Die Männer tun es doch auch, sagst du natürlich! Das ist doch deren gutes Recht, dieses Recht wurde ihnen angeboren. Wenn die Frauen nicht fügsam sind, müssen Männer die Möglichkeit haben, sie zu strafen. Welcher Mann will eine dickköpfige Frau auf die Dauer ernähren? Keiner!

Ich will dir nicht meinen Willen aufzwingen, aber es ist jetzt Zeit, da du das Studium abgeschlossen hast, zu heiraten. Es ist mir im Grunde egal, wen du heiratest. Hauptsache, du bleibst für immer bei ihm und machst mir keine

Schande. Wenn du nicht meinen frühen Tod wünschst, dann bleibe bei ihm, und sei glücklich!«
Ach, Vater, ich möchte dir ins Gesicht schreien, wie sehr ich dich liebe, wie sehr ich dich ehre! Aber du hast ja bis zum heutigen Tag mit mir nur über meine Schule oder über meine Schulbücher gesprochen. Und auch nur dann, wenn du in guter Stimmung warst und etwas zu kritisieren hattest. Du hast mir das kritische Denken beigebracht, indem du meine Schule und meine Schulbücher kritisiertest. Ich habe nie den Mut aufgebracht, über meine Gefühle zu dir zu sprechen. Jetzt kann ich es am wenigsten, weil ich dich vergöttere. Ich habe Dir zwar in einigen Punkten widersprochen, aber ich wußte ganz genau, daß du es mir verzeihen würdest. Erstens, weil du auf keinen Fall den Eindruck eines schlechten Vaters machen willst. Und zweitens, weil du mich bald aus dem Hause jagen wirst. Ich soll dich lieben und vor allem auf deine Ehre achten, so lange ihr, du, mein Schwiegervater und mein Mann, am Leben seid; nicht arbeiten und sich nicht scheiden lassen. Was aber passiert, wenn ich für mich sorgen möchte und mich vor niemandem beugen will, keinen bedienen und mich nicht bedienen lassen will, keine Kinder gebären und erziehen möchte, wenn ich keinen Mann fürs ganze Leben, sondern nur einen guten Freund für die schönen Stunden will? Und zum Schluß, daß ich einfach ich sein möchte! Was passiert dann?
Ach, mein liebster Vater, mein ein und alles, warum hast du bis zum heutigen Tag nie zu mir ›Mein Kind‹ gesagt oder mich mit meinem richtigen Namen angesprochen? Warum hast du mir kein einziges Mal mein Haar gestreichelt oder, wie du es mit deinem Sohn oft gemacht hast, mich umarmt und geküßt? Ich war dir als Mädchen zuwider. Du hast noch nicht mal deine Frau, meine Mutter, mit ihrem richtigen Namen gerufen. Durch dich habe ich sie hassen gelernt, und sie hat durch dich uns gehaßt. Wenn du für etwas warst, war sie sofort dagegen. Du

zeigtest ihr deine Verachtung, weil die Erstgeborenen nur Töchter waren. Sie konnte gegen dich nicht ankämpfen, darum ließ sie ihre Wut an uns aus. Sie hatte Angst, unsere Freundin zu sein, und du schämtest dich zu sehr, um unser Freund zu werden. Sie war unsere Wächterin und Erzieherin. Nur, sie hat uns eins verdeutlicht: Die Ehe ist ein Gefängnis für Frauen und ein Paradies für Männer! Was Menschen und Frauen die unbegrenzte Freiheit gibt? Ich weiß es nicht! Ich weiß überhaupt nicht mehr, was ich machen, was ich nicht machen soll. Soll ich das tun, was ich will, oder soll ich einfach auf alles verzichten? Ich weiß es nicht mehr!

3. Jusuf Naoum: Die verlorene Ehre

Naimas Vater machte sich an diesem Abend große Sorgen um seine Tochter. Normalerweise war sie um 19.00 Uhr bereits zu Hause. Jetzt war es schon 22.00 Uhr und sie war noch immer nicht zurückgekommen.
Er hatte bereits viele Zigaretten geraucht. Nach jedem Zug hatte er auf die Tür geschaut. Aber der Zeiger drehte sich heute besonders langsam. Hoffentlich ist nichts Schlimmes passiert, murmelte er vor sich hin. Er öffnete das Fenster und schaute auf die Straße. Vielleicht würde er sie kommen sehen. Enttäuscht schloß er wieder das Fenster. Ungeduldig ging er im Zimmer auf und ab. Schließlich beschloß er, das Haus zu verlassen, um sie zu suchen.
Es war in dieser Zeit gefährlich, nachts auf die Straße zu gehen. Denn manchmal gab es einen überraschenden Bombenangriff, oft lag die Stadt dann stundenlang unter Artilleriebeschuß.
Die kleine Kneipe, in der Naima arbeitete, lag nicht weit von der Wohnung entfernt. Wenn man gemütlich ging, brauchte man eine halbe Stunde dorthin. Aber in dieser

bedrohlichen Zeit, in der man bei jedem Schritt aufpassen mußte, hatte er zwei Stunden gebraucht.
Die Tür der Kneipe war verschlossen. Naimas Vater klopfte mehrmals, aber es rührte sich nichts. Alles blieb ruhig. Nur ab und zu hörte er Schüsse von weitem. Vielleicht ist sie jemanden besuchen gegangen und schläft dort, dachte er sich. Mit aller Kraft hämmerte er noch einmal mit den Fäusten gegen die Tür und rief ihren Namen. Er schaute nach links und nach rechts, ob er jemanden sah, den er kannte. Aber die Straßen waren leer. Da entdeckte er unter dem Türspalt ein rotes Rinnsal. Blut, durchfuhr es ihn sofort. Sein Gesicht wurde blaß. Seine Augen erstarrten. Die Hände begannen zu zittern. Jetzt mußte er die Tür aufbrechen.
Als er den Raum betrat, schrie er entsetzt auf. Auf dem Boden lagen zwei Soldaten blutüberströmt, und seine Tochter, halbnackt. Eine Kugel war durch ihre Brust gedrungen. »Oh, mein Gott, was ist passiert!« Rasch bedeckte er Naima mit seiner Jacke. Er dachte, sie wäre tot. Doch als er sich über sie beugte, merkte er, daß sie noch schwach atmete. »Oh Allah, wie groß ist Deine Macht, daß Du dieses Wunder vollbringen konntest!« Er fiel auf die Knie und bedankte sich. Mitten im Gebet fuhr er auf, es war jetzt keine Zeit zum Beten. Er mußte seiner Tochter sofort helfen. Naima war bewußtlos. Er schleppte sie nach draußen, riß sein Hemd in Streifen und verband damit notdürftig ihre Wunde.

Das Ambulatorium der ›Libanesischen Volkshilfe‹ lag ganz in der Nähe der Kneipe. Es war überfüllt von Kriegsverletzten. Ärzte und Krankenschwestern mußten Tag und Nacht ununterbrochen arbeiten.
Naima hatte großes Glück. Sie wurde sofort auf den Operationstisch gelegt.
Nach einigen Tagen war sie außer Lebensgefahr.
Der erste, der mit ihr reden wollte, war ihr Vater. Er war

ziemlich ungeduldig. Ohne zu fragen, wie es ihr ginge, wollte er gleich wissen, wie alles geschehen war. Naima war noch sehr schwach, ihr Gesicht war blaß, die Augen lagen tief in den Höhlen. Sie schaute in die Augen des Vaters. Seine Fragen hatte sie gar nicht gehört und erkundigte sich gleich nach den Kindern. »Den Kindern geht es gut«, antwortete der Vater, »aber wer mir Sorgen macht, bist du. Ich bin hierher gekommen, um zu erfahren, was passiert ist. Was wollten die Soldaten von dir? Wer hat auf sie geschossen? Seit einer Woche kann ich nicht mehr schlafen. Ich traue mich nicht mehr aus dem Haus. Ich weiß nicht, was ich den Nachbarn erzählen soll.«

Naima hatte viel zu tun gehabt. Sie kam den ganzen Tag nicht zur Ruhe. Es war bereits 18.00 Uhr, als sie damit begann, die leeren Flaschen wegzuräumen, die Zigarettenkippen in den Abfalleimer zu werfen und die Tische abzuwischen. Sie war froh, daß sie bald Feierabend hatte und zu Hause ihre geschwollenen Füße abkühlen könnte. Aber es lief ganz anders als sie dachte.
Zwei Fremde betraten die Kneipe, bewaffnet. Sie drängten die noch verbliebenen Einheimischen vom Tresen weg und wollten sofort bedient werden.
»Ich habe Feierabend«, entgegnete Naima den Männern, »aber auf ein Glas könnt ihr noch bleiben.« Sie schenkte ihnen ein, nahm den Besen und fegte den Boden.
»Noch ein Glas!«, rief der eine nach ein paar Minuten.
»Es gibt jetzt nichts mehr zu trinken, bitte versteht, daß ich auch mal Feierabend haben möchte.«
»Moment mal«, sagte der andere, »weißt du nicht, wer wir sind?«
»Na und, ich will jetzt nach Hause gehen, könnt ihr das nicht kapieren?«
»Du hast uns wohl noch immer nicht erkannt, Süße«, begann der eine wieder. Dabei faßte er sie an die Brust.
Naima schob seine Hand weg.

»Laß deine Pfoten weg! Ich weiß natürlich, wer ihr seid. Jeder weiß das hier. Ihr seid die Miliz von Al Saika. Alle Leute wissen, daß ihr nichtsnutzige Lumpen seid. Zwei Zeitungsbüros habt ihr hier niedergebrannt, viele unschuldige Menschen habt ihr umgebracht. Wie die Ratten seid ihr am Klauen. Mistkerle seid ihr! Und dumm. Ihr tanzt immer nur nach der Pfeife eures Führers.«

»Jetzt bist du zu weit gegangen, mein Kind. Über uns kannst du sagen, was du willst, aber unseren Chef darfst du nicht beleidigen. Paß auf, sonst geht es dir dreckig.«

»Wir wollen jetzt noch was zu trinken haben, aber sofort!«

»Von mir kriegt ihr nichts mehr.«

»Dann holen wir uns selbst, was wir brauchen.«

Rasch kletterten sie über den Tresen und schnappten sich einige Flaschen.

Naima konnte nur wütend zuschauen. Was soll ich nur gegen diese Kerle machen, dachte sie, sie sind groß, kräftig und außerdem bewaffnet. Aber ich habe auch so ein Ding unter der Theke. Ich werde es benutzen müssen, wenn sie noch unverschämter werden.

Naima hatte sich die Waffe vor ein paar Wochen selbst gekauft. In kurzer Zeit hatte sie gelernt, damit umzugehen. Ihre Verwandten waren entsetzt, daß in ihrer Familie eine Frau eine Waffe besaß. Sie wollten ihr den Revolver wegnehmen. Es gab deswegen großen Krach, doch Naima ließ sich nicht beeinflussen. Schließlich hatte sie sechs Kinder zu ernähren. Ihr Mann war vor einem halben Jahr gefallen und sie war gezwungen, die Kneipe von ihm zu übernehmen.

Die Männer saßen noch immer da und soffen eine Flasche nach der anderen aus. Naima befürchtete, daß die Sauferei bald ausarten würde.

»Mach uns was zum Essen, wir haben Hunger!«

»Ich habe nichts mehr da, verschwindet jetzt«, antwortete Naima wütend.

»Du gibst uns jetzt was, los«, herrschte der eine sie jetzt an, zog dabei seine Pistole aus dem Gürtel und richtete sie auf Naima.
Naima blieb nichts anderes übrig als in die Küche zu gehen. Nach ein paar Minuten kehrte sie mit 2 Tellern zurück.
»Na siehst Du, jetzt bist Du scheinbar vernünftig geworden. Schließ die Tür, mach die Rolläden runter und setz Dich zu uns. Wir wollen es uns gemütlich machen.«
Diese verdammten Mistkerle, was mache ich jetzt bloß, dachte Naima. Fliehen will ich nicht, sonst schlagen sie mir – besoffen wie sie sind – hier alles kurz und klein. Um Hilfe schreien hat auch keinen Zweck, dann drehen sie erst recht durch. Ich muß mit ihnen allein fertig werden.

Naimas Vater bohrte weiter. »Ich werde das Krankenhaus nicht verlassen, bevor du mir alles erzählt hast. Es gibt viele Gerüchte in unserem Viertel. Man vermutet, daß du vergewaltigt worden bist. Sag mir bitte, daß das nicht wahr ist. Diese Schande könnte ich nicht ertragen.«
Naima schwieg. Ihrem Vater schoß das Blut in den Kopf. »Warum sagst du nichts, stimmt das etwa, was im Viertel geredet wird?«
Naima weinte leise. Ihr Vater geriet außer Kontrolle. Er packte sie fest an den Schultern und schrie: »Für wen hältst du mich eigentlich? Ich bestehe darauf, daß du mir sofort antwortest. Ich habe ein Recht darauf, schließlich bin ich dein Vater.«
Naima gab wieder keine Antwort. Sie zitterte am ganzen Körper, und sie spürte zum ersten Mal in ihrem Leben Wut und Haß auf ihren Vater. Am liebsten wäre ich tot, dachte sie.
Die Besuchszeit war zu Ende. Die Krankenschwester wies Naimas Vater aus dem Zimmer. Erregt ging er nach Hause und hoffte, morgen mehr von seiner Tochter zu erfahren.

4. *Saša Stanišić:* *Wie der Soldat das Grammofon repariert* (Auszug)

Hier, im Keller, schöpfen die Mütter Erbsen für uns und die Soldaten. Der mit dem schwarzen Stirnband bricht das Brot und verteilt die Stücke – wehe mir, wenn ich das Brot mit Dreck unter den Nägeln anfassen würde.
Die heisere Radiostimme sagt: Višegrad.
Der Soldat mit dem Stirnband sagt: jaja, und steht auf.
Die Radiostimme sagt: nach erbitterten Gefechten gefallen.
Der Soldat kratzt sich unter dem Stirnband: gutgut, und nimmt Anlauf.
Die Radiostimme hebt sich: aber unsere Truppen formieren sich neu!
Der Soldat murmelt: mmh interessant, aber irgendwie … verantwortungslos. Oder wollt ihr noch mal auf die Fresse? Er tritt mit Vollspann gegen den kleinen schwarzen Kasten, und die Radiostimme sagt nichts mehr. Der Soldat wirft den Großvätern die verbogene Antenne und einen Knopf vor die Füße: was zum basteln, wer es repariert, dem kauf ichs ab. Er setzt sich wieder. Und ihr! Mehr Speck in die Erbsen! So werde ich nicht satt! Ohne Speck wäre das Leben nur noch lumpig. Du da hinten, du wirst mir Speck aufschneiden – er zeigt mit dem Löffel auf Amela aus dem zweiten Stock. Amela mit den langen schwarzen Zöpfen legt dem Soldaten ein paar Streifen rotes Fleisch über die Hand, sie will sie zudecken. Hast du dir das Kleid selbst genäht?, fragt der Soldat Amela und leckt am Fleisch, sag Ja, und ich werde deine geschickten Finger küssen. Sag vielleicht nicht Nein.
Amela backt das beste Brot der Welt. Sie sagt nichts. Auch Čika Hasan und Čika Sead, die vor den Sperrholzplattentischen ihre Mützen in den Händen kneten, haben auf keine Soldatenfrage eine Antwort.
Eci-peci-pec …, reimzählt der Soldat mit dem Stirnband

und zielt zum Schluss mit dem Finger auf Čika Sead, nimmt ihm die Brille ab und haucht gegen die Gläser. Einer mit Strumpfmaske bindet Čika Seads Hände mit Draht hinter den Rücken.
Ich bitte Sie, fleht Čika Hasan die Soldaten an, ich bitte Sie, nicht ..., aber das Stirnband setzt sich die Brille auf.
Im Treppenhaus wieder ein Schuss; sein Echo mischt sich in die Stimmen besorgter Menschen. Wie aus einer Muschel am Ohr klingt das Rauschen der Stimmen von oben bis in den Keller. Asijas Stimme fehlt mir, ich muss Asija finden. Ich überhole den Soldaten, der Čika Sead wegführt und bin auch im Treppenhaus der schnellste. Die Soldaten jagen in Tarnfarben hinab-hinauf, grölen: runter! Raus! Nein! Papiere! Nein! Hände! Was? Papiere! Wie heißt du? Wie heißt du? Nehmen immer drei, immer sieben Stufen auf einmal. Ziehen in die Wohnzimmer ein, die nach Apfelkompott riechen. Wüten in den weißen Schlafzimmern. Rütteln an Schränken, an Schubladen, an Truhen. Schmieren die Türen mit ihrer Sprache voll, Kreuze und doppelköpfige Vögel, rausraus, alle raus! Wieder und wieder dringt Soldatenbefehl in das Muschelrauschen. Gesichter werden gegen die Wand gepresst, über die Köpfe die Arme an den rissigen Putz gedrückt. Wen suchen die, einen Namen rufen sie. Ich kenne diese Soldaten nicht, den Namen sehr gut – Aziz.
Wenn Soldaten fluchen, winselt das Treppenhaus. Wenn sie lärmen, wenn sie brüllen, wenn sie brechen, wenn sie prügeln, wenn sie schimpfen, wenn sie nach Aziz rufen, du verfickter Hurensohn!, bittet die Treppenhausmuschel: aufhören! Ich zähle die Stufen auf dem Weg zum Speicher so laut ich kann und höre trotzdem alles. Ich sehe: Čika Muharem im zweiten Stock, Čika Husein und Čika Fadil im dritten, die Soldaten drücken ihre Köpfe gegen das Treppenhaus-Geländer. Den Nacken von oben mit dem Gewehrkolben oder von der Seite mit dem Stiefel. Čika

Fadils Mütze liegt auf dem Boden. Ich renne vorbei, grüße die Nachbarn nicht, ich zähle und zähle. Gegen den Kopf von Herrn Musikprofessor Popović wird nicht gedrückt. Herr Popović trägt Anzug und Fliege, seine Frau Lena eine Perlenkette über der schwarzen Bluse. Die Arme vor der Brust verschränkt, fragt Herr Popović einen der Soldaten: was wollen Sie denn, Herrschaften? Hier sind nur ehrliche Menschen.
Wir wollen, dass du dein Maul hältst! Hältst du die Fresse, wird nix passieren, und Herr Musikprofessor Popović hält sein Maul.
Ich will zu Asija, das ist alles, auch ich halte mein Maul, damit nichts passiert. So schnell wie möglich zu Asija, sie wird Angst haben, sie wird wieder weinen, ich werde sie finden auf dem Speicher mit den vielen Besen, mit Spinnweben zwischen den leeren Flaschen und mit den Mäusen, die man niemals sieht, aber immer hört. Ich stürze durch die Tür zum Speicher, Asija zuckt zusammen und drückt sich gegen die Wand. Du bist es, du bist es! Schnell, die Tür zu, schnell, sie finden uns sonst! Sag mir, finden sie uns? Asija streckt die Arme nach mir aus und fragt schluchzend: hast du meine Mama und meinen Papa bei den Soldaten gesehen? Sind Mama und Papa vielleicht mit den dummen Soldaten zurückgekommen? Die haben sie mitgenommen, weil sie einen falschen Namen haben. Woher ihre Eltern zurückkommen sollen, weiß Asija nicht: das weiß niemand, flüstert sie, und niemand soll wissen, dass wir hier sind! Wenn die Soldaten dich finden, nehmen sie dir deinen Ausweis ab und wenn du einen falschen Namen hast, fahren sie dich im Lastwagen mit der grünen Plane weg. Wie Mama und Papa. Vielleicht bringen mich, hebt Asija plötzlich ihren Kopf von meinen Händen und ruft unter noch mehr Tränen, vielleicht bringen mich die Soldaten zu Mama und Papa, wenn ich ihnen meinen Namen sage, hörst du? Vielleicht ist es jetzt für mich gut, falsch zu heißen, hörst du?

Ich höre es – und höre Schritte, die sich nähern. Ich höre schwere Stiefel und weiß, dass ich den richtigen Namen trage. Und obwohl der Soldat mit gelbem Bart schmunzelt, obwohl er nicht nach Schweiß und Schnaps riecht wie die anderen, obwohl er nur will, dass wir ins Treppenhaus zurückgehen, schreie ich ihn an: ich heiße Aleksandar und das, das ist meine Schwester Katarina, das ist Katarina, nur meine Schwester Katarina!

Der Name meiner Oma, davon bin ich überzeugt, kann nicht falsch sein. Omas haben niemals falsche Namen. Meine Asija ist meine Katarina, das ist alles dasselbe. Der Soldat sieht sich auf dem Speicher um, unter seinen Stiefeln winseln die Dielen. Raus mit euch! Er spricht leise und wühlt mit den Fingern im Bart, der sich gelb und dicht in sein Gesicht frisst. Asija zögert. Der Soldat geht vor ihr in die Hocke, sein Bart berührt ihre Wange. Sie dreht den Kopf weg. Der Soldat atmet in das Mädchengesicht. Der Soldat flüstert: aufstehen! Ich denke: aufstehen, bitte, aufstehen! Asija erhebt sich langsam und geht hinaus. Ich folge ihr, der Soldat schließt die Tür, ihr rührt euch nicht vom Fleck, verstanden?

Im Flur im fünften Stock rühren wir uns nicht vom Fleck. Asija reibt sich die Wange. Meine Mutter ruft meinen Namen durch das Treppenhaus. Aleksandar, du kommst sofort runter!

Ihr bleibt hier, befiehlt der Soldat.

Nicht mehr die Mütter, die Soldaten sagen uns jetzt, was wir wissen sollen. Ich antworte: Katarina ist bei mir.

Mutter fragt nicht nach.

5. *Said: grenzgänge. eine erinnerung*
(Auszug)

der herbst in teheran kann kalt sein, aber an diesem tag ist es warm. ein händler ruft seine ware aus – gekochte rote beten. wir kinder bleiben an seinem handkarren stehen und essen die beten.
wenn ich die heimat beschreiben will, kann ich nicht über die fahne, die nationalhymne oder den stolz sprechen. das wäre in diesem jahrhundert ein scherz. ich muß von den sinnen sprechen. den farben und den gerüchen, die es nur in teheran gibt.
ich war ein einzelkind und oft einsam. häufig bin ich ein oder zwei stunden lang allein durch die stadt gelaufen. heute sind im iran die dörfer leer und die städte übervoll; aber damals konnte man noch durch die straßen spazieren. ich bin ein fußgänger geblieben, bis heute, und wenn ich an teheran denke, denke ich an diese spaziergänge. wir lebten damals im südosten der stadt in einem alten, ehrwürdigen viertel, früher einmal dem ersten mit elektrischem licht. in meinem geburtshaus gab es ein zimmer mit einem balkon auf den innenhof hinaus. mit seinen zwei beeten, zwei birken, geranien und jasmin. mein allererster schulweg führte mich jeden morgen durch die goethestraße.
ich will nicht nostalgisch werden. die bilder vor meinem inneren auge sind mir ein wenig fremd geworden – ein wenig ausgefranst –, weil ich sie lange nicht gesehen habe. dennoch vermisse ich das bild der esel. jeder obstverkäufer hatte einen esel. und er hatte für jedes obst ein lied. seine lieder waren melodisch, fast elegisch. zuweilen wurden sie unterbrochen vom geschrei der esel – zur freude von uns kindern. die eisverkäufer brachten ihre blöcke mit dem esel und auch der salzverkäufer, der die salzsteine in zeitungspapier einwickelte. einmal die woche kam der wassermeister. heute seid ihr dran, sagte er. er kam um fünf in

der früh. die kinder wachten auf und freuten sich: das wasser kommt! es wurde in einen tank gepumpt, der meist im keller stand.
heute, erzählt man mir, kommt der obstverkäufer mit einem kleinen kombiwagen, versehen mit einer lautsprecheranlage. der verkäufer singt nicht mehr, er schreit, laut und aggressiv.
später haben wir eine zeitlang im süden des iran gewohnt. in einer gegend, die ich heute als kleinbürgerlich bezeichnen würde. alle unsere nachbarn waren offiziere wie mein vater. wir wohnten in kleinen häusern mit flachen dächern. das leben fand im hof statt. dort stand eine palme, sehr nah an der mauer, so daß ich mich, kletterte ich hinauf, mit dem rücken an die wand lehnen konnte. dort oben in der palme habe ich das pfeifen gelernt. ich habe so lange geübt, bis ich es konnte.
das haus hatte nur zwei zimmer, der sommer war heiß, und in den nächten habe ich auf dem flachdach geschlafen. es war die zeit des putsches, 1953, und mein vater hatte befohlen, keine zeitungen mehr zu lesen – ein radio hatten wir nicht. nach dem putsch wurden viele freunde meines vaters verhaftet und hingerichtet. mit manchen von ihnen war er seit der kadettenschule befreundet. er wollte nicht von ihrem tod in den zeitungen lesen.
aber mein kinderleben war nicht bedroht. vielleicht ist *behütet* das richtige wort für diese kindheit. später in der schule – die schulen waren staatlich, damals gab es keine privatschulen – saßen wir nebeneinander, armenier, bahai'i, zaratustrianer, aramäer, chaldäer, juden, kurden, luren. ich habe den iran dieses nebeneinanders geliebt. mein vater war liberal, aber meine großmutter war stockreligiös. und sie war antisemitin. für das abitur lernte ich daheim mit einem jüdischen freund. natürlich blieb er zum mittagessen. meine großmutter wusch sein geschirr gesondert ab. dennoch schwor großmutter auf doktor baruch, unseren hausarzt. als ich älter wurde und ihr paroli bieten

wollte, sagte ich: aber großmutter, er ist auch jude. sie antwortete: ja, aber arzt ist arzt. doktor baruch blieb der arzt unserer familie, solange ich mich erinnern kann.

außer großmutter lebte auch meine tante, die ältere schwester meines vaters, mit uns. und ich liebte sie sehr. mittags legte sie sich schlafen. nach einer stunde schlich ich mich in ihr zimmer, schälte orangen für sie und bereitete den tee vor. wenn das wasser im samowar kochte, wachte sie auf und sagte: ach, mein lieber said ist gekommen, ich weiß, er hat orangen geschält für mich. später, nachdem ich den iran verlassen habe, ist sie dann wie viele andere in die usa ausgewandert. vor zwei jahren ist sie dort gestorben. am abend vor ihrem tod verlangte sie ein tonbandgerät. sie hat eine nachricht für mich hinterlassen. der letzte satz lautete: vielleicht sehen wir uns wieder.

ich verließ teheran im november 1965. die tage vor der abreise waren hektisch. eine ganze reihe von dingen mußte geklärt werden. der gewöhnliche iraner braucht eine ausreisegenehmigung von der polizei, ich jedoch war der sohn eines offiziers; also mußte ich zum geheimdienst. mein vater begleitete mich dorthin. zuständig für meinen fall war ein offizier. er kannte meinen vater. er bestellte für uns tee und plauderte. dann kam die akte. ich war siebzehn und hatte tatsächlich eine akte gehabt! der offizier sagte: da er dein sohn ist, sehe ich keine probleme. mein vater war überrascht: wieso? was meinst du damit? die antwort lautete: das gymnasium. du weißt, die lehrer dort sind kommunisten. so war es. die lehrer, allesamt exkommunisten, waren jahrelang im gefängnis gewesen und durften daher kein staatsamt mehr ausüben. sie waren geschlossen zum schah gegangen und hatten darum gebeten, ein privatgymnasium gründen zu dürfen. und allein die tatsache, daß ich dieses gymnasium besuchte, hatte dem geheimdienst genügt, eine akte über mich anzulegen.

6. *Sergio Vesely: Zeig Würde, Mutter*

Zeig Würde, Mutter,
wenn Du das Gefängnis betrittst,
wenn Du darum bittest, mich sprechen zu dürfen.
Beuge Dich nicht vor ihnen,
erniedrige Dich nicht.
Sie sollen die Verachtung in Deinen Augen spüren
und fühlen, wie eine Mutter sie beschämt.
Vor allem aber,
laß sie keine einzige Träne sehen …
erlaube ihnen niemals,
sich an Deinem Schmerz zu weiden.

7. *Herta Müller: Franz und das Pferd Franz*

Zwei Söhne hat Franz. Zuerst sind sie aus dem Dorf hinaus, in die Stadt – dann aus der Stadt hinaus aus dem Land gegangen. Nach Deutschland. »Auswandern« nennt man das.

Franz ist Bauer in einem banatschwäbischen Dorf, in Rumänien.
Er hat jahrelang zwei Pferde und einen Wagen. Er fährt Kartoffeln und Rüben vom Feld, Sand und Steine vom Fluß, und Zement und Kalk aus der Kleinstadt ins Dorf. Franz lebt mit seiner Frau in einem zu großen Haus, seitdem die Söhne aus dem Haus gewachsen sind. »Und, wenn der Mensch älter wird, geht er nicht gerne von einem Zimmer ins andere,« sagt Franz, »viel lieber hält er sich in einem einzigen Raum auf, wo man kochen, essen und schlafen kann.« Die Frau kümmert sich um den Garten, um das Geflügel, um die Wäsche und um das Essen – das heißt um Franz. Als die Armut im Land größer wird, die Pferde älter, die Felder öder und das Pferdefutter teu-

rer, verkauft Franz beide Pferde und kauft sich ein junges Pferd. Und er nennt das junge Pferd: Franz. Jeden Winter wird die Frau vom gleichen Husten überfallen. Der quält sie, daß sie von der Stirn bis zu den Zehen schwitzt. Der pfeift in den Lungen und stockt im Hals, daß in ihren Augen die Angst vor dem Ersticken steht. Der Husten kommt im Spätherbst mit den ersten kalten Nächten. Oft steht der Mais noch im Garten und sie liegt schon im Bett. Erst wenn nachts kein Frost mehr fällt, läßt der Husten sie los. Viele im Dorf »wanderen aus.« Zu nahen und fernen Verwandten. Und, wenn sie viel Geld zum Bestechen haben, zu niemandem: mit sich selber dem Wunsch nach. Franz und seine Frau haben zwei Söhne in Deutschland. Und sie hat die Krankheit, die so sicher wie der Frost wiederkommt. Sie will zu ihren Kindern. Dort gibt es bessere Ärzte und Medikamente, sagt sie. Das sieht er ein, das ist er ihr schuldig. »Meine Kinder fehlen mir sehr«, sagt Franz, »doch ohne das Pferd und ohne den Hof kann ich nicht leben.« Das ist, die Leute lächeln, eine Art zu reden. Franz wiegt nur den Kopf. Er will nicht überzeugen. Er widerspricht nicht. Er weiß, daß er fühlt, was er sagt. Ob er das auch denkt, weiß er nicht. Er will nicht, daß er das fühlt, daß das sein Ernst ist, was er fühlt. Franz beantragt die Ausreise zu seinen Söhnen. Er füllt die Faltbögen aus. Wenn Tinte das Zögern in der Stirn zeigen könnte, wäre die Schrift sehr blaß. Franz tut, was er tut, halb. Schickt die Faltbögen ab und vergißt sie ganz. Es kommen zwei Winter mit Kalk und Zement, zweimal das Frühjahr mit Sand aus dem Fluß, zwei Sommer mit Kartoffeln und Rüben im Feld. Dann kommt der Briefträger mit der Nachricht vom Paß. Franz verkauft die größeren, teuren Gegenstände im Haus. Dann die kleineren, dann den Kleinkram. Die Nachricht hat sich herumgesprochen, die Käufer kommen ins Haus. Sogar Scheren und Zangen kaufen sie. Und viele sehen sich das Pferd Franz an. »Natürlich«, sagt Franz, »natürlich verkauf ich das Pferd, ich bin doch kein Kind.« Franz geht durch den Hof, sein Blick ist spitz und leer. Sein Mund steht halboffen, nur um zu atmen, nicht um zu sprechen. Nicht Franz, die Frau verkauft schließlich das Pferd Franz. Franz nimmt den spitzen Blick zurück. Seine Augen werden stumpf. Er spricht wirr. Er irrt durchs Dorf und sucht das Pferd Franz, verwechselt Fremde mit seinen Söhnen. Er irrt über die Weide, fast schon am Wald. Leute sehen ihn und bringen ihn nach Hause. Franz erkennt seine Frau nicht. Auf der Reise nach Deutschland ist Franz ein Gepäckstück, seine Augen so abwesend, daß er beim Schauen die Lider nicht bewegt. Franz lebt drei Tage in Deutschland im Übergangsheim. Dann stirbt Franz, bevor die Faltbögen zu seiner Person ausgefüllt sind, an Hirnschlag.

Der Verkauf des Pferdes Franz war die Abgabe der Identität für den Bauern Franz. Die rücksichtslose Genauigkeit im Umgang mit sich selbst, hat Franz nicht verkraftet. Das Wissen, er käme an ohne Pferd und sei in den Augen der Deutschen ein Mann, der zu einem Pferd gehört. Ja, Franz hatte Recht in seiner Vorstellung, man hätte ihm das Pferd Franz angesehen.

Florin, dessen Bruder an der jugoslawischen Grenze auf der Flucht erschossen wird, versucht wenige Wochen danach, auf dem gleichen Weg zu fliehen. Er wird von den Grenzsoldaten gefaßt, geprügelt, mit Stiefeln getreten. Er wird verhaftet. Er verbringt zwei Jahre im Gefängnis. Aus dem Gefängnis entlassen, ist er wortkarg mit den Freunden, weicht den Blicken und den Fragen aus. Er ist 26 Jahre alt, doch um seine Augen hängt geraffte Zeit, sein Haar ist schütter. Er hat sich von allen und allem weggelebt. Er ist ein gebrochener Mensch. Nur bei einem Satz wird er laut, eine Spur zu laut: »Ich flüchte wieder, auch wenn sie mich erschießen.« Er weiß, daß er fühlt, was er sagt. Ob er das denkt, das weiß er nicht, er will ja nicht, daß er das fühlt, daß es sein Ernst ist, was er sagt.

Die Sturheit des Bleibens, die Sturheit des Gehens – beides, da wo der Nerv aus der Haut tritt, ist es das Gleiche. Bezieht sich aufeinander, wie jeder Gegensatz.

Es gibt nichts fremderes hinter der Stirn und unter den Füßen als »Heimat«, die aushöhlt, die den Menschen aus dem Menschen herauszerrt – im Bleiben, im Gehen.

Auf dem Schiff im Hafen von Bari 14.000 Menschen, die flüchten.
Ein Schiff aus Menschen. Das Auge zuckt. Was sind das für Menschen, so unsinnig stur, in Badehosen wie für zwei Stunden von zu Hause weggegangen. Und doch in ein anderes, fremdes Land. Wer nichts zu verlieren hat, den hält nichts. Und der Hunger treibt, bevor er lähmt.

Unsere Maßstäbe, unsere Ruhe in Westeuropa ist das, was wir haben und nicht brauchen. In der fremdest gewordenen »Heimat« wird Flucht gegen alle Logik zur inneren Notwendigkeit. Auch die Furcht vor dem Gefühl flüchten zu müssen, wird wieder zur Flucht. Die fremden Albaner, das sind wir selber in anderen Lebensumständen.

Oktober 1991

8. Aglaja Veteranyi: *Warum das Kind in der Polenta kocht*
(Auszug)

Traurigkeit macht alt.
Ich bin älter als die Kinder im Ausland.
In Rumänien werden die Kinder alt geboren, weil sie schon im Bauch der Mutter arm sind und sich die Sorgen der Eltern anhören müssen.
Hier leben wir wie im Paradies. Ich werde deswegen aber trotzdem nicht jünger.

Zu Hause traten meine Eltern im Staatszirkus auf.
Sie waren sehr berühmt.

DER DIKTATOR HAT RUMÄNIEN MIT STACHELDRAHT UMZINGELT.

Mein Vater, meine Mutter, meine Tante, meine Schwester und ich sind mit dem Flugzeug ins Ausland geflohen, nachdem mein Vater das Geld aus der Zirkuskasse gestohlen hatte.
Meine Mutter ging mit dem gestohlenen Geld ins HOTEL INTERNATIONAL, machte schöne Augen und kaufte Dollar.
Die Toten leben besser als die Lebenden, im Himmel braucht man keinen Paß, um zu reisen, sagt meine Mutter.
Meine Tante hat ihren Mann zurückgelassen. Sie spricht fast nie über ihn.
Um so mehr spricht meine Mutter von ihren vielen Geschwistern, sie weint dabei und schlägt sich auf den Kopf.
Das sieht wie ein Ballett aus.
Meine Tante weint nicht, sie ist älter als meine Mutter.

[...]

Die Menschen suchen das Glück wie unser Blut das Herz. Wenn kein Blut mehr zum Herzen fließt, trocknet der Mensch aus, sagt mein Vater.
Das Ausland ist das Herz. Und wir sind das Blut.

Und unsere Familie zu Hause?

[...]

Fragt mich jemand nach meinem Namen, muß ich sagen: Fragen Sie meine Mutter.
Wenn man weiß, wer wir sind, werden wir entführt und zurückgeschickt, meine Eltern und meine Tante werden getötet, meine Schwester und ich werden verhungern, und alle lachen dann über uns.
In Rumänien wurden meine Eltern nach unserer Flucht zum Tode verurteilt.
Im Hotel schiebt mein Vater den Schrank vor die Tür, den Sessel vor den Schrank, das Bett vor den Sessel. Manchmal schlafen wir alle im selben Bett. Gott sei Dank gibt's nicht in jedem Hotelzimmer noch eine Balkontür zu verriegeln!
Meine Puppen dürfen auch nicht allein auf die Straße.
Wenn wir uns hier so verstecken müssen, weiß ich nicht, warum wir weggegangen sind von zu Hause.
Wir dürfen nie wieder zurück, das ist verboten.

MEINE GROSSMUTTER IST ZU HAUSE VOR KUMMER UND SEHNSUCHT GESTORBEN.

Meine Mutter sagt, hier ist alles viel besser, und weint. Ich denke nur daran, daß ich wieder zurückwill. Die anderen, die wir zurückgelassen haben, werden von uns wollen, daß wir sie auch hierherbringen, wenn wir reich sind. Sie lieben uns alle.
Immer, wenn wir jemanden aus der Gegend unseres Landes treffen, beginnt meine Mutter zu flüstern. Das sind alles

Spione, sagt sie, nur wer selber geflohen ist, ist kein Spion.
Mit denen spricht sie über Onkel Petru.
Mein Bruder ist ein großer Künstler, wie Picasso, er ist homosexuell, sauber, ein Genie!
Als erstes will sie Onkel Petru aus dem Gefängnis kaufen.
Hier kann man alles kaufen, sagt mein Vater, wir werden bald so reich sein, daß uns alle fürchten.
Seit unserer Flucht wird Onkel Petru im Gefängnis gefoltert.
Und Onkel Nicu wurde vor seiner Wohnungstür erschlagen.
Als meine Mutter davon erfuhr, schrie sie wie in einem rumänischen Klagelied.
Erst als mein Vater im Gang des Hotels alle Fensterscheiben zerschlug und die Polizei kam, hörte sie damit auf.

Meine Mutter wird jemand finden, der ein Buch mit unserer Lebensgeschichte schreibt.
EISENTÜR UND TÜR ZUR FREIHEIT wird es heißen.

[…]

ICH WERDE SPÄTER AUCH EINEN REICHEN MANN HEIRATEN.

Oder zwei Männer, dann werde ich nie alleine sein. Bei der Hochzeit werde ich sie unter dem Tisch anfassen, wo's verboten ist. Die Leute werden Kuchen essen und neidisch sein. Meine Männer werden mich lieben und abschlecken.
Außer dem Diktator und seinen Söhnen gibt's in Rumänien keine reichen Männer, meine Eltern haben gut daran getan zu fliehen, denn einen Diktatorsohn heirate ich nicht.

Wir haben einen Flüchtlingspaß.
An jeder Grenze werden wir anders behandelt als die richtigen Leute. Die Polizei läßt uns aussteigen und verschwindet mit unseren Papieren.

Meine Mutter gibt ihnen immer Geschenke, Schokolade, Zigaretten oder Cognac.
Und macht schöne Augen.
Wir sind aber trotzdem nie sicher, ob sie nicht die SECURITATE anrufen.

UNSER KÖNIG IST AUCH INS AUSLAND GEFLOHEN, WEIL ER IN RUMÄNIEN NICHT MEHR REICH SEIN DURFTE.

Was heißt reich? Meine Familie zu Hause kann nicht einmal Wasser kochen, weil sie weder Wasser noch Gas hat.
Aber alle meine Cousinen haben viele Kinder.
Rumänische Frauen müssen viele Kinder gebären.
Wir schicken ihnen regelmäßig Kaffee und Seidenstrümpfe. Aber sie wollen immer Dollar.
Alle glauben, wir sind sehr reich. Haben die eine Ahnung! Als ob das so einfach wäre! Selbst hier muß man das Geld verdienen und gut aufpassen, wo man es hintut, mein Vater versteckt es jeden Tag woanders, damit es niemand entdeckt.
Meine Mutter trägt das Geld im Stiefel. Mit viel Geld will ich mir später einen chinesischen Diener kaufen, der immer wachbleibt, damit ich keine schlechten Träume mehr habe. Er wird Tschian-Tschian heißen und auf mich aufpassen, und ich werde keine Angst mehr haben. Und alle werden sich darüber wundern.

II. Leben im gelobten Land – Fremd unter Fremden?

1. Aras Ören: Plastikkoffer

Zuerst kaufte ich mir einen Koffer auf dem Flohmarkt,
so einen billigen aus Plastik.
Wer weiß, was der schon von der Welt
gesehen und wer den schon geschleppt hat,
erschöpft auf staubiger Landstraße.

Ich packte einen Umschlag mit Fotos,
einen Aktenordner Gedichte, ein paar Bücher,
zwei Hemden, dreimal Unterwäsche, Strümpfe,
Zahnbürste, Rasierzeug und Handtuch hinein.
Zwischen die Wäsche noch ein Sträußchen Lavendel,
die Reise konnte losgehen.

Jetzt ist mir, als hätte ich einige Dinge vergessen,
und die wären wichtiger gewesen
als Fotos, Gedichte, Bücher, Hemden, Wäsche,
Strümpfe, Zahnbürste, Rasierzeug und Handtuch.

Ich bin immer noch mit dem Plastikkoffer unterwegs,
aber ich bereue es nicht.
Wenn wir immer nur bereuen,
wie können wir da glücklich sein?
Woher dann das Lachen in unserem Gesicht?

2. Aras Ören: Biographie

»Ich bin Türke, geboren 1939 in Istanbul.
Mein Paß trägt die Nummer TR-B 295136.
Bin 1,85 m groß, wiege 78 Kilo.
Mitten auf dem Kopf habe ich eine Glatze, meine Augen-
brauen aber sind buschig;

als besonderes Merkmal habe ich eine große Nase
und einen Schnauzbart (manchmal lasse ich mir auch einen Vollbart stehen)
Ich kam in diese Stadt aus freien Stücken,
ließ mich hier am 09. September 1969 nieder.
Die Gründe für mein Privatexil
möchte ich lieber für mich behalten. Ich glaube, was ich erzähle, genügt euch.«

3. Aglaja Veteranyi: Das Regal der letzten Atemzüge
(Auszug)

MERKBLATT
Sämtliche Fragen sind mit Worten zu beantworten,
Striche sind nicht zulässig (z.B. nie, eine, keine).
Wenden!
Referenzen. (Steuerausweis)
Sobald wir im Besitz des Steuerausweises sind, können wir Ihr Gesuch weiterbehandeln.
Zur Besprechung Ihres Gesuches um Aufnahme bringen Sie folgende Unterlagen mit: Steuerrechnung mit Quittungen, Steuererklärung, Ausländerausweis, Sparhefte, weitere Vermögensnachweise.
Befragung über Ihre staatsbürgerlichen Kenntnisse (es dürfen keine Notizen mitgebracht werden).
Das Einbürgerungsverfahren ist damit noch nicht abgeschlossen.

RECHNUNG: Sobald Ihre Zahlung bei uns eingegangen ist, kann das Gesuch weiterbehandelt werden.
Raschmöglichste Erledigung.
Urkunde (zusammen mit einem Einzahlungsschein).

Auszug aus dem Protokoll: Reineinkommen. Reinvermögen. Einbürgerungsgebühr (bezahlt).

Die Sitzung ist öffentlich, Sie können sie von der Tribüne aus mitverfolgen.
Vorladung. Bundesamt Polizei. IMPORTANT.
Sozialistische Republik Rumänien.

ATTEST
Einwohner- und Fremdenkontrolle. Der Chef.
Beweiskräftige Auskunft. Unverzüglich.
Arbeitsausweis.
Anstellungsvertrag.
Mietvertrag.
Zeugnis Primarschule.
Es dürfen keine Schulden vorhanden sein.
1 Jahr.
2 Jahre.
3 Jahre.

In der Sparte FREIWILLIGER VORTRAG wählte der Onkel die Geschichte über die Stadtheiligen, die geköpft durch die Straßen gingen.

Wir freuen uns, Ihnen mitteilen zu können, daß Ihrem Gesuch stattgegeben wurde, unter dem Vorbehalt, daß Sie die Einbürgerungsgebühr fristgemäß bezahlen.

BÜRGERRECHTSURKUNDE
Als Bestätigung erhalten Sie gebührenfrei die aktuelle Meldebestätigung.

EINLADUNG NEUBÜRGERFEIER
Begrüßung. Ansprache. Musik.

4. Sergio Vesely: Ordinäres Poem

Ich scheiße auf den Beamten, der
meinen Asylantrag prüft.
Ich scheiße auf die Sozialhilfe.
Ich scheiße auf das Finanzamt
und in Erweiterung dessen
auf das Einwohnermeldegesetz,
die Aufenthaltsgenehmigung
und auf jeden einzelnen Absatz
in den Verfahrensrichtlinien, die
meinen Anspruch auf Arbeitslosengeld
spezifizieren.
Ich scheiße auf den Fotografen
im Bundesamt für das Asylwesen,
auf den Unglücksmenschen, der
sich erlaubte, meine Fingerabdrücke zu nehmen,
auf den bedauernswerten Kretin, der
in meine Personenbeschreibung
unter die Spalte Nase schrieb: GERADE,
und auf den Schnösel, der
die Frechheit besaß, von mir
fünf Mark und achtundzwanzig Pfennige zu verlangen
als Abwasserbeseitigungsunkostenanteil
für meinen Aufenthalt von
dreiundzwanzig Tagen und neun Stunden
in seinem Flüchtlingswohnheim.
Und, wenn mir nach so viel Scheißen
noch etwas in den Gedärmen übrigbleibt,
scheiße ich auch noch
auf den Gewerkschaftsfunktionär,
auf dessen Solidaritätsveranstaltung
ich ohne Gage spielen soll,
und nicht zuletzt noch
auf die frommen
Mitmenschen der christlichen Gemeinde, die

ihr schlechtes Gewissen befriedigen,
indem sie mir gebrauchte Kleider,
gebrauchte Wörterbücher
und gebrauchte Pfefferminzbonbons schenken.

5. Rafik Schami: Der Kummer des Beamten Müller

Sie glauben doch nicht im Ernst, daß es mir mit diesen Kanaken, Kameltreibern und Spaghettis gut geht!
Da kommt doch dieser halbwüchsige Spaghetti, der mich jedes Jahr wahnsinnig macht, mit seinem offenen Hemd und seiner speckigen Lederjacke tanzt er herein, als wäre die Behörde eine Diskothek. Ich werde das Gefühl nicht los, daß diese Itaka von Geburt an keinen Respekt vor'm Gesetz haben. Weißt du, was er mir sagt, mein Lieber? Der Freche sagt zu mir, an meiner Stelle würde er die Arbeit ganz einfach machen, und ich Idiot frage auch noch »Wie denn?«
Da sagt doch dieser Kerl, er würde jedem einen Stempel schenken, zum Mitnehmen nach Hause. »Warum immer hierher? Besser zu Hause ein Stempel!«
Wo kämen wir dann bloß hin, wenn das so wäre! Nun, seit zwei Jahren schreibt dieser Spaghetti bei »Nationalität« nicht mehr »Italiener«, sondern »Gastarbeiter«. Jedesmal erkläre ich es ihm, und er antwortet: »Ich nix weiß, ich vorher Italiano, aber jets nix Italiano, nix Deutsch, ich Gastarbeiter«, und das Schlimme ist, er lacht dabei, und genau das macht mich wütend. Statt meine Fragen zu beantworten, erzählt er mir dauernd Geschichten von seinem schlechten Capo. Jedes Jahr dasselbe.
»Ich viil Arbeit, aber Capo sagt nix gut. Warum?«
Ich sage ihm, er soll arbeiten, die Maschine anglotzen, und nicht den Meister, und er sagt: »Ich immer Capo sehen, auch Traum!«

Ja, ja, und mir soll es gut gehen.
Ach, guten Abend, Herr Al Achtal …
Naja, woher bloß holt der immer wieder die Frauen. Ein Scheißkerl. Muchamed Achmed Al Achtal, mein Lieber, da bricht einem die Zunge ab, ein Reibeisen im Hals wäre ein Zuckerlecken dagegen. Wozu das ganze, ich zum Beispiel heiße ganz einfach Hans Karl … *Hans Karl* … ganz leicht … und nicht Achchmed Machchmed.
Aber diesem Kameltreiber habe ich es gezeigt, der kommt her und steckt mir einen stinkenden zerdrückten Paß entgegen, und ich mache ihn auf. Weißt du, was darauf steht? Geboren: 1342! Also stell dir vor, am Anfang dachte ich, das ist eine Fälschung oder der will mich auf den Arm nehmen. Aber nein! Denkste! Das ist mohammedanische Zeit. Ich sage mir, Hans Karl, nur ruhig Blut, ein Sandfresser kann dich doch nicht aus der Ruhe bringen. Ich frage ihn: »Also wieviel macht es christlich?«
Weißt du, was er sagt? Er glaubt, es sei 1940! Er glaubt es! … Nicht glauben soll er, sondern belegen soll er, habe ich ihm gesagt. Mein Lieber, das war ein Krach! Aber das war noch nicht mal so schlimm, denn bei Beruf trug er »Schriftsteller« ein. Am Anfang dachte ich, das sei ein Scherz.
»Nicht doch, Herr Al Achtal«, sagte ich. »Sie können doch kaum deutsch und wollen Schriftsteller sein?«
Und was macht er? Er zückt ein Buch aus seiner stinkenden Tasche.
»Hier mein Buch, schöne Errsäluung, 11 Mark 80, für Sie 10,80«. Also ich muß doch bitten, wir sind hier nicht im Basar. Ich habe ihn weggeschickt. Erst muß er einen ordentlichen Beruf nachweisen, dann bekommt er die Aufenthaltserlaubnis, sonst nix … Schau dir den an, gar keinen Kummer hat er, an seiner Stelle hätt' ich mir ein Bein ausgerissen, um einen Job zu kriegen, und was macht er? Mit Weibern herumkutschieren! Ich sage dir, das verdirbt mir die Laune! Was ist das für ein Tag heute, erst verdirbt

mir dieser Kümmeltürke den Vormittag, dann dieser Kameltreiber den Abend. Der Kümmeltürke kam heute morgen so gegen 10 Uhr, er kam mit seinen zwei Bälgern und seinem Weib, als würde er einen Ausflug zu unserer Behörde mit ihnen machen. Sie setzten sich, sie breiteten sich aus bei mir, und eine dieser Rotznasen zerrupfte schon nach ein paar Minuten zwei Blätter von meinem Gummibaum und brachte sie mir.

»Kaputt«, sagt er.

Der andere Balg schielte auf den Kugelschreiber. Ich kam ihm aber zuvor und nahm den Kuli weg. Da sagt doch dieser Türke: »Kind nix wegnehmen. Yassin brav, nur schipilen. Kind muß.«

»Ja, aber nicht hier in der Behörde, ich bitte Sie!« sagte ich.

»Doch muß«, brüllte der Kanake. »Du Kind haben?« fragte er und hauchte mich mit seinem Knoblauchatem an.

»Ja, zwei«, antwortete ich, aber bevor ich noch einen Blick in seine Akte werfen konnte, hauchte er mich gleich wieder an.

»Wie alt?« wollte er wissen.

Ich antwortete nicht, weil das ja zu weit ging. Der Türke ging zu seinem Weib und holte zwei bunte Schachteln.

»Hier für Kind, türkisch, schmeckt extra prima!« hauchte er mich wieder an. Ich hatte schon das Gefühl, irgend etwas stimmt nicht mit seinen Papieren, aber die Zeit war knapp. Ich schüttelte den Kopf.

»Hier nix Istanbul! Hier Deutschland! Nix Bakschisch! Verstehen?« Der Türke wurde blaß, und ich suchte in den Papieren nach dem Grund der Bestechung, aber ich fand nichts. Also ich mußte ihm den Stempel geben.

Erst nachmittags hatte ich Zeit, und ich nahm die Mappe noch einmal unter die Lupe, und ich fand raus, weshalb dieser Gauner mich bestechen wollte. Zwei Wochen Verspätung hatte er mit seiner Ummeldung. Dies habe ich gleich für nächstes Jahr vorgemerkt.

Mein Lieber, dir geht's gut, aber mir geht's, seitdem ich in diesem Amt bin, nicht mehr gut. Nicht einmal meine Frau versteht mich mehr. Sie sagt, ich rede mit ihr in gebrochenem Deutsch, vor allem, wenn ich wütend bin, das habe ich nun davon!

Herr Müller sprach an diesem Abend immer wieder den Barkeeper an, der hinter der Theke der kleinen Kneipe stand. Aber der Barkeeper hörte nicht zu, ab und zu sagte er »na, ja«, »ja, ja« oder »Was Sie nicht sagen!«. Ansonsten war er sehr beschäftigt, sein Blick wanderte über die Gläser, er füllte immer wieder nach, stellte neue auf die Theke und kritzelte einen Strich auf die Bierdeckel. Auch wenn Herr Müller sein Glas geleert hatte, schenkte ihm der Barkeeper das nächste voll, kritzelte einen Strich auf den Bierdeckel und sagte geistesabwesend: »Zum Wohl«.

6. Gino Chiellino: Der hausgemachte Gastarbeiter

Man nehme einen Ausländer – aus dem Süden, natürlich! – je nach Geschmack, je nach Bedürfnis.
Nota Bene: davon gibt es in verschiedener Sorte, Größe, Farbe und für alle Zwecke geeignet; denn, merkwürdigerweise, teilen sie sich in männliche und weibliche und sind zu jeder Zeit zu haben.
Sie führen sich selbst ein, freiwillig, und das macht den Preis wesentlich billiger.
Es ist einfach, sie zu finden.
Sie stellen sich gewöhnlich auf Bahnhöfen, auf Fußgängerzonen, in Cafes und in Clubs für einsame Herzen auf. Sie wohnen mit Vorliebe – man kann sie davon nicht abhalten – in kleinen, alten, zerfallenen und stinkenden Wohnungen der Sanierungsgebiete.

Neulich sagt mir mein Hausbesitzer, der eine kleine Fabrik betreibt, wo mehrere von der türkischen Sorte sich für 12 Stunden pro Tag aufzuhalten pflegen, daß die letzten zwei, die er sich zugelegt hat, ihn gezwungen haben, einen alten Gartenschuppen in der Nähe der Fabrik für DM 300,– im Monat zu vermieten. Er wollte den beiden kein Unrecht antun und hat den Schuppen zur Verfügung gestellt. Obwohl er, der Schuppen- und Fabrikbesitzer, noch nicht verstanden hat, warum sie gerade in seinem Schuppen wohnen wollen.
Nachdem ich ihm die Vorteile und Vorzüge seines Schuppens aufgezählt hatte, war er erstaunt über die Intelligenz seiner hausgemachten Gastarbeiter.
Wenn die Nachfrage nach Gastarbeitern ziemlich hoch ist – keine Angst, z.Z. erleben wir eine sehr günstige, erfreuliche Konjunkturwelle – also wenn Sie in Schwierigkeiten geraten sollten, Ihre Gastarbeiter zu bekommen, dann lohnt sich in jedem Fall ein Besuch auf dem Arbeitsamt, denn dort wird man bekanntlich »gut beraten«. Und Sie bekommen schon, was Sie sich wünschen, allerdings sollten Sie sich auf die italienische Sorte begrenzen, denn sie ist leicht einzuführen.
Z.B. im Juli brauchte die Stadt L. dringend 10 Stück. Da schalteten sich die Auslandsexperten ein, und in Kürze bekam die Stadt L. durch die deutsche Auswahlkommission in Verone die 10 Stück zu einem Meter fünfzig. Man hat sie nicht zu sehen bekommen, denn dank der natürlichen Gestalt dieser Sorte eignen sie sich besonders gut, um die Kanalisation der Stadt sauberzuhalten.
»Am liebsten würden sie gleich dort leben, um Miete zu sparen und viel Geld nach Hause zu schicken.« Natürlich müssen Sie bei der Auswahl etwas vorsichtig sein. Nicht jeder von ihnen ist in der Lage, Ihre Erwartungen zu erfüllen.
Frau S., meine Nachbarin, hat immer wieder Pech! Bei der letzten Anschaffung, einem Prachtexemplar der spani-

schen Sorte: weil er nicht aufhören konnte, von einer Art kleinen Zwiebel zu essen, so daß sich in ihrer Wohnung in kürzester Zeit ein unerträglich süßlicher Geruch verbreitete. Während sie Peperonis akzeptiert, kann sie für Knoblauch kein Verständnis aufbringen.

Falls Sie aber der Meinung sein sollten, daß einer der vielen, die sich Ihnen anbieten, Ihrem Geschmack entspricht, seien Sie nicht schüchtern, schlagen Sie zu. Er/sie wird Ihnen dankbar sein, in eine menschliche Wohnung aufgenommen zu werden, Mietgeld zu sparen, in schlechten Zeiten von Ihren Ersparnissen zu leben, von allem zu profitieren, was Sie sich in den vielen Jahren angeschafft haben: ein bißchen weniger Ausländer zu sein; den gewünschten Status des hausgemachten Gastarbeiters zu erreichen.

In Ihrer Wohnung wird eine Welt neuer Farben, neuer Gerüche, neuer Laute entstehen, und Sie werden nie wissen, ob Ihnen Tatsachen oder Träume erzählt werden.

Nicht einfach ist die Beschaffung von Gastarbeitern weiblichen Geschlechts, denn die männlichen »leiden an einer krankhaften und chronischen Eifersucht und lassen ihre Frauen zu Hause.« Aber man soll die Hoffnung nicht aufgeben.

Tüchtige, hochspezialisierte Importgesellschaften können Ihre Wünsche jedoch trotz Schwierigkeiten erfüllen.

Nachdem der Staat ein Beispiel gegeben hat, durch Einführung sanfter, zarter und lächelnder Krankenschwestern aus dem Fernen Osten, folgen tüchtige Geschäftsleute denselben Kanälen und vermitteln hausmachbare Gastarbeiterinnen dieser kostbaren, exotischen Art, – allerdings sind hier die Preise ein bißchen teurer.

Für alle anderen, die sich nicht viel Mühe geben wollen, die keine Geduld aufbringen oder die das große Geld nicht haben, empfehlen sich die Bordelle der größeren Städte, wo eine fast komplette Auswahl jeder Sorte der Welt zu finden ist.

Und die DM 50,– sind wirklich nicht schlecht angelegt. Sie werden bei einer solchen hausgemachten Gastarbeiterin all Ihre Frustration, Lust, Aggressivität mühelos, dominierend loswerden: am nächsten Tag können Sie sogar besser dazu beitragen, noch mehr von der Sorte hierherzuholen.

7. Alev Tekinay: Das Lachen

Geschafft, geschafft, schon wieder geschafft. Der Wagen stand endlich vorschriftsmäßig geparkt in der engen Lükke zwischen einem Passat und einem Ford.
Otto Hintenberger atmete erleichtert auf und wischte sich mit einem Papiertaschentuch den Schweiß von der Stirn. Dann schaltete er das Autoradio aus, während die letzten Verse des Schlagers in seinem Gehirn weiterdröhnten:
»Jetzt wird wieder in die Hände gespuckt, wir steigern das Bruttosozialprodukt.«
Otto Hintenbergers Hände waren tatsächlich naß, als ob er hineingespuckt hätte. Er trocknete auch seine Hände mit dem Papiertaschentuch, bevor er durch das Tor der Fabrik ging, um seinen Tag zu beginnen.
Hatte aber der Tag nicht schon längst begonnen, als es draußen noch dunkel war und der Wecker wie eine Sirene heulte? Ein Alptraum, eine Erinnerung an die Kindheit, als die richtigen Sirenen heulten. Zuflucht im Bunker, Städte in Trümmern. Aus diesen Trümmern war aber die Gegenwart gewachsen, die Gegenwart mit ihren Hochöfen, Fließbändern, Hochhäusern, Autobahnen und sterbenden Wäldern. Die Gegenwart mit ihrem Glanz, auf die Otto Hintenberger stolz war wie jeder andere auch.
Hoffentlich habe ich meine Frau auch nicht geweckt, war heute morgen sein erster Gedanke gewesen, als er hastig auf den Weckerknopf gedrückt hatte. Dann war er leise aufgestanden und auf Zehenspitzen ins Badezimmer ge-

schlichen. Aber als er frisch gewaschen und rasiert aus dem Bad herauskam, hörte er seine Frau bereits in der Küche.

»Hab ich dich geweckt, Bärbel? Entschuldige.«

»Schon gut«, knurrte Bärbel nervös. Lockenwickler türmten sich wie ein Berg auf ihrem Kopf, ihr Gesicht sah ohne Make-up so blaß aus, als wäre sie krank. Sie kuschelte sich in ihren Morgenmantel, machte die Tür des Kühlschranks auf und fragte mit schläfrig-heiserer Stimme:

»Soll ich dir Frühstück machen?«

»Nein, danke. Ich habe keine Zeit.«

Otto Hintenberger stand immer unter Zeitdruck. Ja, so hatte sein Tag begonnen, dann die Fahrerei und der Nervenkampf im Stau. Jetzt war aber alles überstanden bis zur Heimfahrt am Feierabend.

Ja, ja, jetzt wird wieder in die Hände gespuckt.

Otto Hintenberger hätte sich jetzt sogar zufrieden fühlen können, als er mit herrischen Schritten durch die Fabrikhallen ging, wenn nicht die Schuhe so gedrückt hätten und der Knoten der Krawatte am Hals nicht so eng gewesen wäre.

Ich kriege keine Luft, dachte Otto Hintenberger, und als er sein Büro betrat, hatte er das Gefühl, jemand würde ihn erwürgen.

»Guten Morgen, Herr Hintenberger«, zwitscherten die Sekretärinnen im Chor und begrüßten ihren Chef, den Personalchef der Heindl-Chemie.

»Guten Morgen, Fräulein Stangl, guten Morgen, Frau Stark«, nickte er schnell, als er in den weißen Kittel schlüpfte. Dann begann er seine tägliche Inspektion.

Nein, nichts gegen die Türken. Immerhin beschäftigen wir mehr Türken als andere ausländische Arbeiter bei der Heindl-Chemie. Aus mehreren rationellen Gründen natürlich. Erstens trinken sie nicht, zweitens sind sie anspruchslos. Sie machen alles. Auch gegen geringen Lohn.

Trotzdem sind sie dankbar und zufrieden. Na ja, Leistung gegen Leistung. Zwar wenig bezahlt, doch mit guter Währung.

Aber ein Türke ärgerte ihn, Otto Hintenberger, trotzdem, der Türke in der Verpackungsabteilung, der ständig grinste. Obwohl das kein provozierendes Grinsen war. Der Mann strahlte einfach. Und Otto Hintenberger bekam jedesmal Nervenkrämpfe, wenn er diesen Arbeiter in der Halle traf, der pfeifend und singend Medikamentenfläschchen verpackte und dessen Hände schneller als das Laufband waren.

Otto Hintenberger hatte sich immer wieder vorgenommen, diesen Mann anzusprechen. Endlich tat er das heute.

»Wie du heißen?«

»Ahmet, Herr Personalchef.«

»Ahmet was?«

»Ahmet Derin.«

»Seit wann du hier arbeiten?«

»Ich arbeite seit 14 Jahren in diesem Betrieb.«

»Du zufrieden sein?«

»Ja, ich bin sehr zufrieden.«

»Das merkt man wohl«, brummte Otto Hintenberger vor sich hin.

Das Band lief weiter, aber Ahmets Hände waren so schnell, daß er, bis das nächste Fläschchen kam, Zeit hatte, sich vom Band wegzudrehen, um Otto Hintenberger etwas zu fragen.

»Herr Personalchef, haben Sie am nächsten Samstag Zeit?«

»Ich? Wieso?«

»Ich würde Sie gerne einladen. Natürlich auch Ihre Gattin. Es ist das türkische Zuckerfest, wissen Sie, das Ende Ramadan gefeiert wird.«

Dann bückte er sich wieder über das Band, um das nächste Fläschchen zu verpacken, während er weitersprach:

»Wir machen eine kleine Feier. Es kommen auch andere

Gäste. Wir würden uns sehr freuen, wenn Sie kommen könnten. Sie würden uns ehren.«
»Mal sehen«, murmelte Otto Hintenberger, »ich lasse Sie Bescheid wissen. Durch meine Sekretärin.«
Das akzentfreie und fehlerfreie Deutsch Ahmets hatte ihn gezwungen, von Du auf Sie umzuschalten.
»Ja«, nickte Ahmet, »ich erwarte Ihre Nachricht.«

Wieder ein halber Tag überstanden. Otto Hintenberger in der Betriebskantine. Er verschlang die Wurstsemmel, die nach nichts schmeckte. Er wußte nicht einmal, ob Ketchup oder Senf drin war. Es war ein komisches Gefühl in seinem Magen. Dennoch gab er ein gutes Beispiel ab, indem er von seiner miesen Stimmung nichts merken ließ und ein gleichgültig-ernstes Gesicht machte. Wie ein großer Held thronte er einsam auf seinem Stuhl am breiten Tisch in der Ecke: der Personalchef Otto Hintenberger, ein mustergültiger Deutscher.
Als einem mustergültigen Deutschen gelang es ihm natürlich auch, seinen Wagen aus der engen Parklücke wieder herauszubekommen. Mit schwitzenden Händen legte er den ersten Gang ein. Dann kurbelte er das Seitenfenster herunter, um etwas Luft zu bekommen, weil er das Gefühl nie loswurde, jemand würgte ihn an der Kehle. Nun fuhr er endlich nach Hause, noch einen Arbeitstag hatte er hinter sich gebracht, noch ein bißchen mehr war das Bruttosozialprodukt gesteigert worden.
Es war schon dunkel. Die Sonne war vor einigen Minuten in Schmutzwolken untergegangen. Am Himmel trieb zerfranstes Gewölk über die graue Stadt. Dröhnend und keuchend lag sie im letzten Abendlicht. Die Ampeln spielten verrückt. Grün-gelb-rot, grün-gelb-rot. An den Kreuzungen verkeilten sich die Autos, und Abgaswolken schwebten auf und nieder. Es gab schon wieder einen Stau.
»Verdammt noch mal«, zischte Otto Hintenberger durch die Zähne und steckte sich wieder eine Zigarette an und

freute sich auf das kalte Bier, das zu Hause auf ihn wartete.
Nein, Otto Hintenberger war kein Trinker, auf keinen Fall. Er liebte nur den Gerstensaft, den er zwar regelmäßig, aber mäßig genoß, und er ärgerte sich deshalb sehr, daß er trotz seiner Vorsicht bei diesem Genuß schon längst so etwas wie einen Bierbauch bekommen hatte. Zuerst hatte er gedacht, daß die Hemden schuld waren, die nach jedem Wäschereibesuch enger wurden. Inzwischen wußte er den wahren Grund für sein Dickwerden, konnte aber trotzdem nicht auf das Bier verzichten, das ihm eine wohlige Ruhe einflößte.
»Herr Hintenberger, Ihre Kinder waren heute wieder so laut.«
Das war Frau Kögler, die Hausmeisterin.
»Was? Wieso?« stotterte Otto Hintenberger beim Eingang des Häuserblocks.
»Die Spielstunde für den Block A 18 ist von 15 bis 16 Uhr, aber Ihre Kinder haben sie überzogen. Außerdem waren sie zu laut. Block B 17 hat sich beschwert.«
»Scheren Sie sich zum Teufel.«
Nein, das hatte Otto Hintenberger ihr natürlich nicht gesagt. Er meinte nur: »Ich regle das schon, Frau Kögler, beruhigen Sie sich, bitte.«

Bärbel war wieder im Morgenmantel, aber ohne Lockenwickler. Seidene Locken hingen um ihren Kopf, über ihre Schultern. Sie wirkte auch nicht mehr krank, sondern hübsch und gepflegt, weil sie nun geschminkt war.
»Wo bist du geblieben?«
»Ich bin wieder im Stau steckengeblieben.«
»So?«
»Was gibt's zu essen?«
»Nichts Besonderes. Wurst, Käse und Salat.«
»Ach, ich hätte solchen Appetit auf etwas Warmes.«
»Ich bin nicht nur Hausfrau und Mutter, sondern auch

berufstätig, Otto. Ich kann mich nicht zerreißen. Ich bin doch keine Arbeitsmaschine und schon gar nicht deine Sklavin. Was erwartest du eigentlich von mir? Ein Festessen jeden Abend?«
»Schon gut, schon gut. War ja nicht so gemeint. Wo sind die Kinder eigentlich?«
»Die Kleinen schlafen schon, und wo sich Gerd und Gabi herumtreiben, habe ich keine blasse Ahnung.«
Gerd und Gabi ... Schon seit Jahren sagten sie zu ihren Eltern nicht mehr Vati und Mutti, sondern Otto und Bärbel. Sie waren gerade 18 geworden und träumten schon davon, das Elternhaus zu verlassen. Daß Gerd seine Freundinnen wie seine Hemden wechselte, kümmerte Otto Hintenberger wenig. Aber daß auch Gabi sich ebenso viele Freiheiten erlaubte, störte Herrn Hintenberger sehr.
»Jetzt reicht's aber«, haute er mit der Faust auf den Tisch, »denen werde ich zeigen, wer der Herr im Haus ist.«
»Wäre auch höchste Zeit«, brummte Bärbel, während sie auf den Knopf des Fernsehers drückte.
Im Ersten: Alkohol und Rauschgiftsucht. Ist eine Heilung möglich?
Sie drückte auf den zweiten Knopf: Ehen vor Gericht. Immer mehr Scheidungen in der Bundesrepublik Deutschland.
Regionalprogramm: Hier ist der Wetterbericht vom Bayerischen Fernsehen: Weiterhin kalt und unfreundlich.
Sie drückte auf den vierten und fünften Knopf. Nur Zischen und Flimmern.
»Na so was«, staunte sie enttäuscht, »wir können Österreich 1 und 2 nicht empfangen. Ich muß morgen schleunigst den Fernsehdienst anrufen.«
»Ja, tu das, Bärbel«, stöhnte Herr Hintenberger, als er in eine Wurstsemmel biß, die wieder nach nichts schmeckte. Die einzige Freude war die braune Flasche, aus der die gelblich schäumende Flüssigkeit quoll, die wie Salbe auf

Otto Hintenbergers Wunden war. Die Gerstensaft-Ruhe ... Keine drückenden Schuhe mehr, auch kein Knoten am Hals. Die blaugestreifte Krawatte lag mit dem weißen Hemd auf dem Sessel neben dem Bett. Im Wäschereigeruch des Schlafanzugs frierend legte sich Otto Hintenberger in das Bett und zerwühlte, Wärme suchend, die harten Bettlaken. Dann streckte er die Hand nach Bärbel aus.

»Hör auf, Otto. Ich habe einen anstrengenden Tag hinter mir«, flüsterte sie und drehte sich weg. Auf ihrem Kopf türmte sich wieder eine Burg aus Lockenwicklern. Weiß schimmerte ihr eingecremtes Gesicht im fahlen Mondschein, der durch die Gardinen des Schlafzimmers drang.

Kurz nach Mitternacht drehte sich ein Schlüssel im Schloß der Wohnungstür, und Otto Hintenberger, der trotz des starken Schlaftrunks noch hellwach im Bett lag, spitzte die Ohren. War das Gerd oder Gabi? Er merkte, daß auch seine Frau aufgewacht war und ebenso die Ohren spitzte. Er wußte nicht warum, aber plötzlich fiel ihm der ständig lachende Türke in der Verpackungsabteilung ein, und er erzählte seiner Frau von der Einladung am Samstag.

»Was? An diesem Samstag? Sag mal, spinnst du, Otto? Du weißt doch, daß ich jeden zweiten Samstag mit meinen Freundinnen pokere. Außerdem fehlte es mir gerade noch, einen Türkenbesuch abzustatten.«

Sie lachte laut, sie lachte sich halb tot, ihr Körper beugte sich nach vorne und nach hinten, ihre Schultern zitterten. Schließlich beruhigte sie sich und sagte:

»Mir ist es völlig Wurscht, wie du deine Samstage gestaltest. Machen wir einen Kompromiß. Ich nehme Rolf mit zu meinen Freundinnen, und du nimmst Tina mit zu deinen Türken, ja?«

Noch ein Schlüssel drehte sich im Schloß der Wohnungstür, und Herr und Frau Hintenberger blickten sich erleichtert an.

Otto Hintenberger stand auf und ging in die Küche. Nach

dem kärglichen Abendbrot hatte er wieder Hunger bekommen, starken Hunger.
»Hej, Otto«, rief ihm Gerd zu, der gerade eine Papiertüte auspackte, »willst du eine Hähnchenkeule, frisch vom Wienerwald?«
»Und Pommes dazu«, kicherte Gabi, die neben ihrem Zwillingsbruder stand.
»Wart ihr nicht zusammen weg?« fragte Otto Hintenberger die beiden.
»Eigentlich nicht«, kicherte Gabi wieder, »wir haben uns zufällig in der Küche getroffen.«
»Warum paßt du nicht auf deine Schwester auf?« fuhr Otto Hintenberger seinen großen Sohn an.
»Wieso?« zuckte der mit den Achseln, »ich bin doch nicht ihr Wächter.«
»Warum trägst du diesen blöden Ohrring? Du bist doch ein Mann. Und dieses komische Hemd steht dir gar nicht«, fuhr Otto Hintenberger fort.
»Hej, Mann«, fiel ihm Gerd in die Parade, »mach mal einen Punkt, gell? Ich suche mir meine Klamotten selber aus.«

Wenn Otto Hintenberger einen Brief diktierte, ging er in seinem Büro auf und ab, auch wenn der Brief sehr kurz war. Fräulein Stangl, die blonde Sekretärin, hörte ihm aufmerksam zu, dann ließ sie ihre schlanken Finger auf die Tasten springen und wiederholte jeden Satz mit ihrer sanft-gehorsamen Stimme wie ein Papagei:
Sehr geehrter Herr Derin, hiermit teile ich Ihnen mit …
Otto Hintenberger wußte nicht, warum er diese Einladung nicht abgelehnt hatte. Er stand am breiten Fenster seines Büros im achten Stock und betrachtete die Dunstwolken, die aus den Schornsteinen der Heindl-Chemie heraufqualmten und alles grauschwarz umhüllten, auch die Silhouette der Stadt mit den Rathaus- und Kirchtürmen. Vielleicht, dachte er, will ich nur dahinterkommen, warum er immer lacht. Vielleicht beneide ich ihn.

»Fertig?« fragte die Sekretärin.
Otto Hintenberger nickte.
»Adresse?« fragte die Sekretärin.
»Irgendwo im Westend«, begann Otto Hintenberger, dann meinte er aber: »Ach was, der Mann ist im Hause, Halle 5, Verpackungsabteilung, können Sie auch per Hauspost schicken.«
Herr Hintenberger steckte sich wieder eine Zigarette an, obwohl ihm das Rauchen immer weniger bekam. Krämpfe ballten sich in der Magengegend zusammen, die mit jedem Zug Nikotin nur noch stärker wurden. Dennoch rauchte er die Kippen bis an die Filter, wenn er morgens und abends im Stau steckte und tagsüber im Büro, wenn die Telefone unentwegt schrillten.
»Für Sie, Herr Personalchef.«
Streß war seine zweite Haut geworden.

»Was hast du heute gemacht, Bärbel?«
»Gearbeitet, was sonst? Ist das ein Betrieb bei uns in der Drogerie, sag ich dir, Otto, mir tun die Knochen weh. Am Nachmittag war ich einkaufen. Ich war zuerst beim Großmarkt, weil die Tomaten dort heute um 20 Pfennig billiger waren. Kartoffeln habe ich aber vom DS geholt, da sind sie immer ein paar Pfennige billiger.«
»Gut. Waren die Fernsehleute da?«
»Ja. Gott sei Dank haben sie den Kasten repariert. Jetzt können wir wieder die beiden österreichischen Programme empfangen.«
»Ist ja toll. Heute abend gibt's bei ORF 2 die Open-End-Diskussion.«
»Ach nein, Otto, nicht schon wieder. Bei ORF 1 gibt's einen alten deutschen Spielfilm, den ich so gerne sehen möchte. So geht das wirklich nicht. Wir müssen uns unbedingt einen zweiten Apparat anschaffen.«

Komische Gefühle überkamen ihn am Samstag. Jedenfalls freute sich die kleine Tina auf den »Türkenbesuch«. Sie

bombardierte ihre Eltern mit Fragen: »Wie sehen die Türken aus?« oder »Haben die einen fliegenden Teppich?«
»Darf ich mitkommen, Papa?« fragte Rolf, aber Bärbel schüttelte den Kopf.
»Vati und ich, wir haben ausgemacht, daß du am Samstag mit mir kommst. Tina geht mit Vati zu den Türken. Das ist Arbeitsteilung, verstehst du?«
Komisch, dachte Otto Hintenberger, wir beschäftigen seit über 20 Jahren Türken in unserem Betrieb, und zum erstenmal werde ich einen von ihnen am kommenden Samstag besuchen. Ausnahmsweise waren auch Gerd und Gabi am Tisch. Gerd war schrecklich nervös, weil er am nächsten Tag eine Matheprobe hatte. Auch Gabi wirkte nervös, als sie hastig und unruhig ihre Suppe löffelte.
»Ich werde abgeholt«, erklärte sie, »so gegen neun. Warum schaut ihr mich alle so blöd an?«
Angst vor Samstag? Oh, nein. Man trägt sein Scherflein zur Völkerverständigung bei. Man muß doch als Personalchef mit gutem Beispiel vorangehen. Ich habe nichts gegen Ausländer. Ich besuche sie sogar.
Um Punkt vier Uhr am Nachmittag saß Otto Hintenberger in seinem Kadett und schlug im Stadtplan nach. Wo war denn diese gottverdammte Dingsbumsstraße im Westend? Tina war ungeduldig.
»Papa, wir dürfen uns nicht verspäten.«
»Das dürfen wir schon, mein Schatz. Die Türken haben einen anderen Zeitbegriff als wir.«
»Haben die Türken denn keine Uhr?«

»Danke«, sagte Ahmet Derin, »daß Sie gekommen sind, Herr Personalchef. Wo ist Ihre Gattin?«
»Nun ja, sie ist verhindert. Aber ich habe meine kleine Tochter mitgebracht.«
»Danke, danke. Treten Sie ein.«
Und Otto Hintenberger trat ein in eine Welt, die ihm ganz

fremd war. Die kleine Wohnung war mit großen Möbelstücken vollgestopft, dennoch vermittelte sie kein Engegefühl. Trotz der fröhlichen Farben wirkte die Einrichtung nicht kitschig. Bereits im Flur roch es nach – wonach wußte Otto Hintenberger nicht, aber es war ein angenehmer Geruch, vielleicht eine Mischung aus Rosen- und Zitronenwasser, Zimt und Nelken. Auch die unbekannte Musik, die aus dem Wohnzimmer drang, fand Otto Hintenberger so bunt wie alles in dieser kleinen Wohnung. Im Flur stapelten sich Zucker und Mehl in einem tiefen Regal. An der Wand hing ein Poster mit der Blauen Moschee und einem orangenen Sonnenuntergang im Hintergrund. Die Musik war so lebensfroh, daß Otto Hintenberger den Wunsch verspürte, sich zu den Tanzenden zu gesellen, die sich im kleinen Wohnzimmer mit flinken Bewegungen drehten und laut sangen: Bir mumdur, iki mumdur …

Das kleine Wohnzimmer war voll von Menschen. Türken, andere Ausländer und einige Deutsche. In einer Ecke des Zimmers stand ein großer, langer, gedeckter Tisch.

»Hier ist mein Ehrengast«, meldete Ahmet Derin stolz, »Herr Hintenberger, der Personalchef meiner Firma.«

»Hallo«, riefen einige der deutschen Gäste, die Türken und die anderen Ausländer aber standen auf und drückten Otto Hintenberger ehrerbietig die Hand.

Ahmet stellte vor:

»Mein Schwager Idris, mein Vetter Fehmi, unsere deutsche Nachbarin Frau Seidl, unser griechischer Nachbar Herr Kokinu, dessen Sohn Manol, mein Kollege Ibrahim aus der Firma, den Sie sicher schon kennen, das ist meine Frau Kezban, das sind meine älteste Tochter Nermin und ihr Mann, meine Enkelinnen Güler und Güner, mein Sohn Salih, er ist 18 Jahre alt, meine zweitälteste Tochter Nevin, sie ist 17 …«

Die Vorstellungsszene hätte vielleicht kein Ende genommen, wenn Salih, Ahmets ältester Sohn, auf ein Zeichen seiner Mutter hin nicht feierlich verkündet hätte:

»Liebe Gäste, darf ich Euch jetzt zu Tisch bitten?«
Nermin und Nevin servierten. »Was ist das?« fragte Otto Hintenberger einen deutschen Tischnachbarn.
»Reis, offenbar.«
»Und was ist alles darin?«
»Safran, Pistazien und ähnliches Zeug. Schmeckt köstlich. Haben Sie schon probiert?«
Dann fragte Herr Hintenberger neugierig einen türkischen Tischnachbarn: »Und das?«
»Hammelbraten.«
»Und die da?«
»Das sind gefüllte Teigrollen.«
Otto Hintenberger aß, und alles schmeckte ihm wunderbar trotz des fremden Geschmacks. Er aß und aß, als ob er in den letzten Tagen gehungert hätte. Zuerst hatte er seinen Teller nur halb gefüllt und mißtrauisch gedacht: Na ja, wenigstens etwas Warmes. Dann war er aber immer wieder aufgestanden, um seinen Teller nochmal und nochmal zu füllen.
Er fühlte sich wohl unter all diesen Menschen, und besonders gefiel ihm Nevin, die nur ein Jahr jünger war als seine Tochter Gabi. Sie war so anders, unbeschreiblich anders.
»Gefällt es dir in Deutschland, Nevin?«
»Ja, Herr Personalchef.«
»Was gefällt dir hier? Die Freiheit?«
»Mit der könnte ich nicht viel anfangen. Meine große Schwester hat geheiratet und hat schon zwei Kinder. Nun bin ich wohl dran.«
»Willst du überhaupt so früh heiraten?«
»Ich habe ja keine andere Wahl. Aber ich beklage mich nicht.«
Während Otto Hintenberger sich mit Nevin unterhielt, merkte er plötzlich, daß Tina nicht mehr im Zimmer war.
»Sie spielt mit Güler und Güner im Nebenzimmer«, sagte Frau Derin. Sie mochte nicht viel älter als Bärbel sein, hatte aber schon graue Haare. Sie war nicht hübsch, aber es gab

irgendetwas in ihrem Wesen, das sie anziehend machte, vielleicht die Wärme und die Ruhe, die sie ausstrahlte. Wenn Ahmet Derin sich suchend umblickte, fragte sie sofort, was er wünsche.
»Brot? Salz?«
»Nein. Noch ein bißchen Hirtensalat hätte ich gern.«
»Ja, ja, sofort.«

Obwohl Otto Hintenberger sich immer noch nicht ganz satt fühlte, schob er endlich seinen Teller zur Seite und griff nach seinem Zigarettenpäckchen. Aus der Küche wehte bereits der warme Kaffeeduft.
»Ahmet, du bist doch glücklich bei uns, nicht wahr?«
Otto Hintenberger hatte wieder von Sie auf Du umgeschaltet, weil die freundliche Atmosphäre in der Derinschen Wohnung ihm keine andere Möglichkeit gelassen hatte.
»Ja, Herr Personalchef.«
»Und warum? Hast du den Streß bei uns manchmal nicht satt? Hast du nie Heimweh?«
»Oh ja, doch, Herr Personalchef. Aber wir haben doch eine Heimat, in die wir eines Tages zurückgehen werden. Dieser Traum gibt uns die Kraft, alles zu ertragen.«
»Papi«, rief die kleine Tina, die aus dem Nebenzimmer gelaufen kam, sie hielt eine Puppe in der Hand und schrie fröhlich: »Güler hat sie mir geschenkt.«
Erst in diesem Augenblick fiel Otto Hintenberger ein, daß er kein Geschenk mitgebracht hatte, daß er mit leeren Händen zu diesem Fest gekommen war.
»Dorthin werden wir einst zurückkehren, wo das Mittelmeer tobt«, fuhr Ahmet nachdenklich fort.

Draußen tobte der Verkehr. Es gab wieder einen Stau. Als Otto Hintenberger auf den Knopf des Autoradios drückte, bat die Servicewelle des Bayerischen Rundfunks die Autofahrer, wegen des zähflüssigen Verkehrs möglichst nicht über den Mittleren Ring zu fahren.

Tina, die brav neben ihrem Vater saß, drückte ihre neue Puppe fest an die Brust: »Besuchen wir am nächsten Samstag wieder die Türken, Papi?«
Wenigstens einen Blumenstrauß hätte ich mitbringen können, dachte Otto Hintenberger, einen gottverdammten Blumenstrauß für 5,90 DM.
Und warum habe ich keine Heimat, in die ich eines Tages zurückgehen kann, wenn ich hier alles satt habe. Wenn? Habe ich nicht jetzt schon …
Tinas helle Stimme riß ihn aus seiner Versunkenheit. »Ich werde meine Puppe Güler nennen. Güler hat sie mir ja geschenkt. Das bedeutet ›Lachen‹ auf Türkisch. Das habe ich heute gelernt.«
Lachen …
Wieder eine Ampel: grün-gelb-rot, und eine Kreuzung, an der sich ein zähflüssiger Strom aus lackiertem Metall dahinquälte. Stark bremsen und weiterfahren.
Lachen – war das nicht ein Fremdwort?

8. Waldemar Hermann: Palsanytsch

Palsanytsch war unter einer kastenähnlichen Glaskuppel aufgebahrt. Das Innere der Kuppel wurde gekühlt. Jedesmal, wenn das im Sockel eingebaute Kühlaggregat von der Temperatursteuerung angeworfen wurde, geriet der Sarg in heftiges Wackeln, und es sah so aus, als würde der Tote von unheimlichen Kräften hin und her gezerrt.
»Gegrüßet seist du, Maria …« Eine hohe Frauenstimme formte das Gebet, und das Gemurmel der kleinen Trauergemeinde eilte ihr nach: »Mutter Gottes, bitte für uns …«
Die Tür der kleinen Friedhofskapelle stand weit offen. Wenn das Kühlgerät abschaltete und sein gleichmäßiges Surren verstummte, drang geschäftiges Vogelgezwitscher in den Raum, und das Summen einer verbissen gegen die

Fensterscheibe ankämpfenden Fliege durchschnitt vibrierend die Luft.
Palsanytsch wirkte in dem weißgepolsterten Sarg fremd und der Situation nicht angepaßt. Sein kantiger Kopf mit dem kurzen, grob gestutzten, aschgrauen Haar und das unrasierte, pergamentgelbe Gesicht mit einem häßlichen, violettblauen Fleck an der Stirn erweckten den Eindruck, der reinigenden Strenge des Todes nicht angemessen zu sein. Auch die aus den weißen Hemdmanschetten herausragenden Hände, knorrig und unabwaschbar mit Baustaub imprägniert, wenngleich in einer unnatürlichen Frömmigkeit auf der Brust gefaltet, vermochten diesen Eindruck nicht entscheidend zu mildern. Lediglich der Anzug, etwas zu weit für den schmächtigen Körper, doch dem Anlaß entsprechend dunkel, hob zumindest teilweise den Widerspruch auf, entfremdete aber Palsanytsch gleichzeitig stark, da dieser zu seinen Lebzeiten so etwas nie getragen hatte.
Neben dem Sarg, ganz vorne, stand Palsanytschs Ehefrau Else. Ihr Blick, auf die Hände des Toten gerichtet, drückte ein stumpfes, gewohntes Leiden aus. Manchmal hob sie ihr Gesicht, schaute auf das gegenüberliegende kleine Fenster, durch das ein Sonnenlichtbündel in die Kapelle drang, atmete schwer durch und senkte ihre Augen erneut auf den Toten. Ihre schmale Gestalt, in der Mitte geknickt, schaukelte leicht im Rhythmus des Gebets.
Alexej hielt sich hinten an der Tür auf. Blinzelnd schaute er zum Kühlkasten mit dem toten Freund hinüber und schüttelte langsam und vorwurfsvoll den Kopf: »Palsanytsch, Palsanytsch!« Noch vor einer Woche hatten sie zusammen auf einer Bank im Stadtpark gesessen, ihren Wodka getrunken und sich über das Leben unterhalten; jetzt war für Palsanytsch alles vorbei. Wer hätte gedacht, daß er so eine schwache Speiseröhre hatte? Am wenigsten Palsanytsch selbst! Er hatte immer geglaubt, einen zähen Körper zu besitzen.

Alexej schneuzte sich in ein zerknittertes Taschentuch, wischte sich mit dem Handrücken die Feuchte aus den Augenwinkeln und ging auf Zehenspitzen aus der Kapelle ins Freie.

Draußen war es heiß. Die Sonne brütete vom wolkenlosen Himmel herab, die Blätter der Kastanienbäume hingen welk in der Sommerhitze. Im Schatten eines Baumes rauchte eine Gruppe von Männern. Alexej stellte sich abseits von ihnen hin und holte mit zitternder Hand eine Zigarette aus der halbleeren Packung heraus. Die Stimmen der Männer drangen bis zu ihm. Es wurde über den Toten gesprochen. Ein junger Mann vertrat die Meinung, daß Pauls Tod eine Erlösung für alle sei: für die Frau, die Verwandtschaft und vor allem auch für Paul selbst.

Alexej sog die Zigarette mit tiefen Zügen aus, warf die Kippe, als sie ihm schon die Finger zu verbrennen drohte, auf den Kiesweg und drückte sie mit der Schuhspitze aus. »Arsch!«, dachte er über den jungen Mann.

Aus einer Seitentür der Friedhofsmauer kamen vier schwarzuniformierte Totengräber und gingen zur Kapelle. Mit stummen Gesten teilten sie die Trauergemeinde, bahnten sich eine Gasse. Zwei von ihnen klappten den Glaskasten auf und rollten den auf einem Wagen aufgebauten Sarg heraus. Die anderen beiden holten den seitlich abgestellten Sargdeckel.

Else trat eilig an den Sarg, legte die Hand auf Palsanytschs Stirn und flüsterte dem Toten etwas zu. Es sah so aus, als bitte sie um Verzeihung. Einer der Männer faßte sie an die Schultern und schob sie sachte zur Seite. Der Sarg wurde verschlossen, die Totengräber bauten sich paarweise seitlich auf, legten jeweils eine weißbeschuhte Hand auf die nickelbeschichteten Griffe des Leichenwagens und setzten sich gemessenen Schrittes in Bewegung.

Alexej hatte an der anschließenden Totenmesse in der leer gebliebenen Kirche und der darauf folgenden Bestattung auf dem Friedhof keinen Anteil. Er stand abseits und dachte immer wieder an die Begräbnisse in Rußland, in Iwanowka. Dort wurde der Tote im eigenen Haus bis zur Beerdigung aufbewahrt und von da aus im offenen Sarg zum Friedhof gebracht. Der Augenblick, wenn der Verstorbene aus dem Haus getragen wurde, ließ jedem die Feuchte in die Augen steigen, und dann noch natürlich die Hammerschläge, wenn nach einer durch das ganze Dorf führenden Prozession der Sarg auf dem Friedhof neben der Grube zugenagelt wurde. Da saß jeder Hammerschlag ... Hier waren alle vom noch unverschlossenen Grab weggegangen, sogar Else wurde von dem klaffenden Loch, an dessen Boden der mit Weihwasser bespritzte und mit Blumen beworfene Sarg wie ein nicht zu Ende geführtes Vorhaben stehen geblieben war, von einer alten Frau weggeführt. Beim Weggehen schaute sie immer wieder zurück ...

Erst als die Totengräber das Loch mit einem kleinen, widerwärtig heulenden Bagger zugebuddelt, einen Erdhügel darüber geformt und sich anschließend schwatzend entfernt hatten, näherte sich auch Alexej dem Grab. »Na, Palsanytsch«, sagte er, »so liegen wir jetzt hier!« Er begutachtete das Ganze, warf einige Erdklumpen, die auf dem Rasen liegengeblieben waren, in sanftem Bogen auf den Hügel, verdichtete diesen mit der flachen Hand. Erst dann wandte er sich mit einem schweren Seufzer der mitgebrachten Plastiktüte zu. Langsam, ohne Eile holte er eine Flasche Schnaps und zwei Gläser hervor, schraubte bedächtig den Flaschendeckel ab, goß ein Glas voll und stellte es vorsichtig am Kreuzfuß ab: »So, Palsanytsch, zum letzten Mal!« Danach füllte er behutsam das zweite Glas. Als dies geschehen war, hob er mit feierlichem Gesichtsausdruck sein Glas hoch: »Na dann ... Ruhe in Frieden, Palsanytsch!« Der Adamsapfel an seinem gestreckten Hals bewegte sich heftig, und ein krampfhaftes Zucken durchfuhr seinen Körper. »Du verzeihst mir: der erste Schluck und dazu noch ohne ein Krümel Brot«, murmelte er, hielt den Handrücken unter die Nase, schnaufte tief.

Der Tote schwieg unter seinem Erdhügel.

Alexej verharrte eine Zeitlang, die Hand an der Nase, reglos, in sich gekehrt. Als der Krampf seiner Eingeweide etwas nachgelassen hatte, schüttelte er sich wieder. »Der zweite Schluck bekommt uns besser, nicht, Palsanytsch?«, sagte er gequält und hob die Flasche, die er immer noch in seiner Linken hielt, erneut zum Schnapsglas. Er hatte Mühe, die Flasche und das Glas ruhig zu halten, verschüttete einiges vom Flascheninhalt, doch als er den Wodka eilig in den aufgerissenen Mund kippte, ging dieser wie Öl seine Kehle hinunter. »Na, wer sagt's denn!« Alexej krächzte zufrieden, sein zuvor zu einer leidenden Grimasse verzerrtes Gesicht glättete sich. Mit einer Zigarette zwischen den Lippen ließ er den Blick langsam über den Friedhof schweifen, bis ihn ein Gedanke zwang, sich dem Grab seines Kumpels zuzuwenden. »In Iwanowka hättest du noch gelebt, Palsanytsch! Dort warst du ein Mensch, Pawel Alexandrowitsch! Um so einen Brigadier hat sich jeder Baubetrieb gerissen. Und wenn du schon gestorben wärst, da hätte sich das ganze Dorf zur Beerdigung versammelt!«

Er verstummte, rauchte wortlos weiter, ab und zu nachdenklich nickend. Erst als die Zigarette zu Ende war, seufzte er: »Tja, so ist das!« Wie aus der Ferne zurückgekehrt schaute er sich nach allen Seiten um. »Alle weg!«, murmelte er vorwurfsvoll. »Alle weg!« Doch dann fiel ihm ganz plötzlich etwas ein, was ihm ein leises Kichern entlockte. Er rieb sich verschmitzt die Hände: »Wie sagen doch die Russen: Die Dreifaltigkeit findet Gottes Wohlgefallen! Na dann, prost!«

Ein bunter Schmetterling kam angeflogen, ließ sich auf dem Querbalken des Kreuzes nieder und bewegte graziös seine hochgestellten Flügel.

Alexejs Blick fiel auf den Kranz mit der Aufschrift »Von Deiner Else«. Seine glänzenden Augen trübten sich erneut: »Die Weiber ... Die haben es eingebrockt. Weg

wollten sie ... Und? Weg sind wir, weg ..., von der Arbeit ... Was sind wir schon ohne Arbeit? Nein, Palsanytsch, ohne Arbeit sind wir nichts. Siehst, die Speiseröhre ...« Der Mann schluchzte heftig, betrunken, und schneuzte sich ausgiebig.
Bevor er das nächste Glas an die gespitzten Lippen führte, wies er mit schwerer Zunge einen unsichtbaren Opponenten ab: »Heute gibt es einen Grund! Heute haben wir Palsanytsch zu Grabe getragen!«

9. Herta Müller: Schmeckt das Rattengift
(Auszug)

»Meine Leiter ist weg, die hat so gut unter den Baum gepaßt, jetzt ist sie weg. Gestohlen, wo denn sonst«, sagt die alte Frau, »*die* stehlen doch alles, seit *die* hier sind, kann man nichts mehr haben.« Sie meint die Asylsuchenden.
Diese Art zu schimpfen ist im Dorf so selbstverständlich geworden, daß man das Wort »Asylanten« oder »Ausländer« nicht aussprechen muß. Die Frau wartet auf Zustimmung.
Der sechzigjährige Mann, der mich begleitet an den Dorfrand, in die Hügel mit Obstbäumen, der wie sie unten im Dorf wohnt, nickt stumm, als sie ihn ansieht. Sie kennt ihn und seine Meinung zu diesem Thema aus vorausgegangenen Gesprächen. Er quält sich, weil er seine Meinung jetzt nicht sagen kann. Denn ich stehe da neben ihm, und er weiß, ich würde zornig widersprechen. Um einer Einheimischen nicht zu zeigen, daß er Bekannte hat, die anderer Meinung sind, schweigt er. Aber auch, um zu verbergen, daß neben ihm jemand steht, die Ausländerin ist.
Wochen davor wollte er mir erklären, daß ich mich als Rumäniendeutsche von den Ausländern unterscheide. Er

weiß seit diesem Versuch, daß ich seine Unterscheidung, seine hinterhältige Güte, die auf andere zielt, nicht annehme.

[...]

Eine Stunde später gehe ich neben ihm auf dem »Heimweg« durchs Dorf, das wie tausend andere Dörfer in Westdeutschland aussieht: so haargenau gepflegt, als käme aus dem Himmel da oben nie ein Wind, nie ein Regen, nie ein Frost, nie eine Hitze, die Farben zerfrißt. Als treffe die Zeit hier, an den Häusern vorbei, nur die Gesichter der Menschen. Aber auch sie altern später und anders als die Menschen aus den Ländern der Armut. Und ich denke mir, wer in diesen Straßen mit Fachwerk, Ziergestrüpp und spätem Septemberkraut wohnt, kann das Wort Armut nicht hören. Die alten Leute wissen, daß sie nach dem Krieg arm und nur noch die Hälfte von sich selber waren. Denn sie wußten, daß Hitler den Krieg begonnen hatte.
Sie waren Verlierer im Krieg und Verlierer an Haus und Hof, auch ihre Volkslieder und Bräuche hatten sie in den Dienst des Krieges gestellt. Sie hatten deshalb kein Recht, sich zu beklagen. Und in der Welt draußen, die Hitler in ihrem Namen zertrampelt hatte, galten sie als Ungeheuer. Und sie schufteten, um das, was von ihnen übrig war, nicht zu sehen.
Und die jungen Leute wissen, daß ihre Selbstverständlichkeiten in armen Ländern für die vielen Wunschdenken bleiben und für ganz wenige Luxus sind. Schon wenn die Armut der Armen dieses Dorf streift, haben seine Bewohner Angst. Die Alten und die Jungen. Übertriebene, weil eingebildete Angst, die umschlägt in Haß. Sie halten Armut für unwürdig, gerade fremde Armut für unzumutbar. Sie stehen darüber. Und Armut, das sind die Fremden. Schon für den Blick auf fremde Armut sind sie sich zu gut. Das ist Herrenmenschendenken. Dadurch daß sie

durch Haß ihr Dorf vor der Armut schützen, spüren sie, daß sie zu Hause sind.
Wer in den Straßen dieser Dörfer das Wort »Ausländer« sagt, paart es mit Haß. Und hat mit jedem Passanten ein Gespräch gefunden. Eines, das sich immer auf die gleiche Weise wie von selber führt. Die Versatzstücke mit den Vorurteilen über die Fremden reichen, um lange zu reden, um unverdächtig private Unzufriedenheit aus ganz anderen Gründen (die man nie zugeben oder aussprechen würde) loszuwerden.

[...]

Die alte Frau, die sich unterm Apfelbaum in Zorn redet, meint nicht *einen* Asylanten, sie meint *alle*. Wie sollte sie einen meinen, sie hat den Dieb nicht gesehen. Daß ein Asylsuchender kein Haus, kein Dach, keinen Baum hat, weiß sie. Und daß er ihre alte Holzleiter zu nichts gebrauchen könnte. Doch das stellt ihre Vorurteile nicht in Frage.
Die Einheimische beschuldigt pauschal, verleumdet und weiß, es bleibt ihr geschenkt, sie wird, was sie sagt, nie beweisen müssen. Und wäre es einer gewesen, so wünschte sie doch, daß alle Fremden aus diesem Dorf und aus allen Orten des Landes verschwinden. Sie ist eine von vielen, sie tut, was gängig ist in dieser Gegend, verleumdet täglich, wo immer sich eine Gelegenheit ergibt. Sie wechselt die Gesprächspartner, und das Thema bleibt immer das gleiche. Das macht sie und ihr kleines Dorf lebendig.
Diese Lebendigkeit im Haß wird zur Selbstverständlichkeit. Das gemeinsame Feindbild muß nie korrigiert werden, weil seine Züge erfunden sind. Die Gesprächspartner erfahren durch das gemeinsame Feindbild Bestätigung ohne Verantwortung. Das macht süchtig. Der Ausländerhaß wird zur öffentlichen Meinung. Er erzeugt das Gefühl der Zusammengehörigkeit, das so nötig ist, weil in allen anderen Bereichen Neid, Intrige, Konkurrenz die Bezie-

hungen bestimmen. Wer sich aus dieser Gemeinsamkeit heraushält, ist verdächtig und wird von der Gemeinschaft unter Rechtfertigungsdruck gestellt.

[...]

Die Steinewerfer und Brandstifter, die Menschenjäger aus Hoyerswerda und Rostock sind nicht Randgruppen. Sie bewegen sich in der Mitte. Sie können sich nicht nur auf den Applaus am Straßenrand, sondern auch auf die Zustimmung derer verlassen, die äußerlich nicht als Skinheads zu erkennen sind. Brave Bürger, die sich die Köpfe nicht kahl scheren, sondern, unauffällig und still, an der persönlichen und öffentlichen Meinung stricken, die Menschenjagd gesellschaftsfähig macht. Die Neonazis mit den harten Fäusten sind seit mindestens zwei Jahren die Vollstrecker einer öffentlichen Meinung. Deshalb flüchten sie nicht. Sie agieren vor den Kameras der Reporter und toben eine Nacht nach der anderen sogar am gleichen Ort. Sie haben keinen Grund, sich zu vermummen oder in den Untergrund zu gehen. Sie führen uns organisierte Kriminalität als Legalität vor. Denn sie fühlen sich beauftragt von der Gemeinschaft. Was die Älteren wegen körperlicher Mürbheit nicht mehr anpacken, sie tun es für sie. Sie finden Anerkennung und werden zu Helden.

Der Bundeskanzler kann noch tausendmal den Satz beten: »Wir sind ein ausländerfreundliches Land.« Den Satz kann heute niemand mehr glauben. Er ist unsensibel, blind und eine Provokation.

Die Politiker beteuern, »betroffen« zu sein, doch es fällt ihnen nicht einmal im Zufall ein Satz ein, der eigentlich ist und aufhorchen läßt. Kein einziger eigener Gedanke kommt aus ihrem Mund. Statt dessen das abgedroschene Material aus totgeglaubten Metaphern. Die werden im Mund geführt, um den Fakten zu entkommen. Sie rinnen kalt ab. Die Sprache selber, die deutsche Sprache be-

kommt Gänsehaut, wenn deutsche Politiker reden. Die Sprachbilder der Politiker sind Metaphern mit Gänsehaut. Die EG (oder die Demokratie, oder der Staat) müsse »wehrhaft bleiben, ein fester Anker in stürmischer See« (Außenminister Kinkel). Alles ist austauschbar, sagt ein und dasselbe Nichts.
Weshalb lesen Menschen, die in die Politik gehen, für die öffentliche Reden genauso zum Beruf gehören wie Entscheidungen hinter geschlossenen Türen, weshalb lesen diese Menschen nicht wenigstens so viel, daß sie den Grundton einer zumutbaren Sprache beherrschen? Weshalb nehmen sie heute, um gegen Neonazis zu reden, eine Sprache in den Mund, die sich ästhetisch von den Sprachbildern des Faschismus kaum unterscheidet?

[...]

Wo Ausländer angezündet werden, geht das Wort »Schande« einem Politiker schneller über die Lippen als das Wort »Straftat«. Doch »Schande« meint nichts als der ins Ausland schielende Blick nach dem außenpolitischen Schaden. Menschenjagd ist keine »Schande«, sondern ein Verbrechen.

Vor einer Woche wurde ein Deutscher von Skinheads niedergeschlagen. »Er sah aus wie ein Ausländer«, sagen die Täter. Also ein Versehen. Beim Anzünden von Asylunterkünften kann man nicht die Falschen treffen. Doch auf der Straße kann sich sogar ein rassenbewußtes Kennerauge irren.
Wenn man versucht, das aus der Sicht eines Neonazis weiterzudenken, müßten sich Ausländer, um diesen Irrtum zu vermeiden, fürs Auge kenntlich machen, wenn sie ihre Unterkunft verlassen: ein Zeichen an den Kleidern tragen.

[...]

Ich komme um den Vergleich nicht herum, daß die Leute aus der Ex-DDR im vereinigten Deutschland in einer ähnlichen Situation sind wie ich: Deutsche durch ihre Sprache. Aber auch da keine Westdeutschen. Ausländer in allen anderen Hinsichten der Biographie und Sozialisation. Die Ähnlichkeit mit den Lebensgewohnheiten der Polen, Tschechen, Ungarn, Rumänen ist bei den Menschen aus der Ex-DDR größer als die Ähnlichkeit mit den Lebensgewohnheiten der Westdeutschen. Die Diktaturen in Osteuropa ähnelten sich in den Straßenbildern und Innenräumen. Sie haben, manchmal unabsichtlich durch die gleiche Planung der Misere, und manchmal mit Absicht durch die gleichen Strukturen der Repressionsapparate, ähnliche Welten – und Menschen mit ähnlichen Beschädigungen geschaffen und zurückgelassen.
Die Menschen aus der Ex-DDR sind nicht »Deutsche zweiter Klasse«, sondern Westdeutsche an der Oberfläche und innen im Kopf Osteuropäer. Das ist keine Ausgrenzung, das ist die Wahrheit der Fakten. Doch es klingt neben der einstudierten Heuchelei vom Gleichsein wie ein Sakrileg.
Weil sich Leute aus Rostock in so vielen Einzelheiten in jedem Asylsuchenden wiedererkennen, weil diese Flüchtlinge ihre nahe Vergangenheit sind, entsteht Haß. Die Vereinigung sollte die sichere Distanz zur nahen Vergangenheit herstellen und garantieren. Sie hat es getan, aber nur nach außen. Gelebte Jahre ändern kann sie nicht. An die Ähnlichkeit mit den Osteuropäern, die das sind, was man in der DDR vor zwei Jahren selber war, reicht die Vereinigung nicht heran. Hinzu kommt, daß man von der Vereinigung Wohlstand erwartete, den Mangel (es war keine Armut) endgültig hinter sich lassen wollte. Und jetzt wohnt die fremde Armut vor der Haustür. Die aus der Diktatur entlassenen Ostdeutschen schützen ihr Pflaster vor der fremden Armut. Außerdem läßt sich eigene Identität vor der fremden Armut leichter behaupten als vor den Westdeutschen.

Im gehässigen Umgang der Einheimischen aus der Ex-DDR gegenüber Ausländern aus Osteuropa steckt die Verleugnung der osteuropäischen Identität. Sie gebärdet sich wie bei Emporkömmlingen und ist in der Masse so widerlich und moralisch unhaltbar wie bei einzelnen Prahlern. Nur viel gefährlicher. Der neue Haß greift auch in die Geschichte zurück. Der Antifaschismus, mißbraucht als Pfeiler einer verhaßten Ideologie, wird abgestreift. Jetzt fühlt man sich »frei«. Die Wut, die sich auf jene richten müßte, die den Antifaschismus ideologisch mißbraucht haben, zeichnet statt dessen Hakenkeuze auf jüdische Gräber und zündet die Gedenkstätte in Sachsenhausen an.

[...]

Das Herrenmenschendenken, durch das deutsche Mittelmäßigkeit um Aufsehen ringt, macht auch vor den Italienern, Griechen und Türken, die seit zwanzig Jahren in Deutschland leben, nicht halt. Goethe-Institute kommen im Ausland unter Rechtfertigungszwang, japanische Geschäftsleute machen Investitionsvorhaben in Ostdeutschland rückgängig aus Angst vor dem Ausländerhaß der Bevölkerung.

Auf dem Wochenmarkt in Hamburg bettelte eine Frau mit einem Zettel in der Hand. Die Leute, ob alt oder jung, machten, als sie ihnen den Zettel hinhielt, angewiderte Gesichter. Manche stießen sie weg. Ein Gemüseverkäufer rief einem Schinkenverkäufer zu: »Gib ihr was zu beißen, gib ihr doch gleich einen ganzen Schinken.« Die beiden Männer lachten, und die Käufer vor den beiden Ständen lachten mit.

Vor der Gedächtniskirche in Berlin zog mich ein junger Mann am Ärmel und sagte: »Schmeckt das Rattengift?« Ich aß gehend einen Kebab. Ich sagte: »Das Rattengift ist nicht in meinem Mund, es sitzt in deinem Schädel.« Er streckte die Zunge heraus und machte mit verzerrtem Gesicht einen Würgelaut.

10. Zvonko Plepélic: mein saniertes Kreuzberg

mein saniertes Kreuzberg
aus der fahrenden U-Bahn
nehme ich
noch schläfrig
einen Herzschlag lang
deine Fassaden wahr

mir sind
deine Möwen am Halleschen Ufer
ein Stück der Heimat
dennoch
all das
und meine verkaufte Arbeitskraft
besagen nicht
ich böte mein Inneres feil

mein saniertes Kreuzberg
am Morgen
vergib mir
unter Brüdern
den Gedanken
an mich selbst
was kann ich dir schon sagen
ich der wandelnde Infinitiv
die Duzform an sich
ich habe die Zuzugssperre
eines mir fremden Vaterlandes
im Herzen
und bin dem Glück verpflichtet

11. Ismet Elçi: Das Kopftuch
(Auszug)

An meinem neunzehnten Geburtstag stellte mir mein Vater Ismael, einen jungen Türken, vor. Er sah gut aus, war sehr nett zu mir und stammte aus einer sehr religiösen Familie. Er arbeitete in einer Maschinenfabrik. Doch dies interessierte mich alles nicht. Ich war immer noch nicht über die Geschichte mit Sinan hinweggekommen. Ich dachte oft an ihn, obwohl ich schon wochenlang nichts mehr von ihm hörte.
Als die Geburtstagsgäste gegangen waren, sagte Vater: »Lale, du weißt, ein türkisches Mädchen ist normalerweise mit neunzehn Jahren längst verheiratet. Es wird also höchste Zeit für dich! Ich möchte gerne, daß du und Ismael, dem du sehr gefällst, bald heiraten werdet!«
Obwohl ich schon etwas Ähnliches befürchtet hatte, war ich sehr erschrocken. Nachdem ich mich wenigstens etwas gefaßt hatte, versuchte ich, meinem Vater vorsichtig beizubringen, daß ich mir dies erst einmal überlegen müsse. Außerdem würde ich mir gern meinen Lebenspartner selbst aussuchen, und es wäre ja auch noch Zeit …
Ich kam nicht dazu, meine Sätze zu beenden. Mein Vater unterbrach mich: »Du denkst und fühlst schon wie eine Deutsche! Schäme dich!« Er wurde immer lauter. »Es dürfte dir nicht unbekannt sein, daß bei uns der Vater den Mann für seine Tochter auswählt. Und das hat seine guten Gründe! Erstens kann ein Mädchen in deinem Alter nicht selbst einen Mann aussuchen, da es dazu noch keine Lebenserfahrung hat. Zweitens bestimmt es der Koran. Und drittens ist es millionenmal so gewesen und hat sich so bewährt. Damit ist dieses Thema für mich erledigt!« Er sprach's, drehte sich um und ging schlafen.
In dieser Nacht konnte ich kein Auge schließen. Wie kam ich aus dieser schwierigen Situation heraus? Sollte ich meine Familie verlassen? Könnte ich allein in dieser gro-

ßen fremden Stadt leben? Würde ich eine Wohnung bekommen? Wie würde sich Vater verhalten? Würde er mich suchen und ... finden? Könnte ich eine Trennung von der übrigen Familie verkraften? All diese Fragen zermarterten mein Hirn. Ich dachte neidvoll an die deutschen Mädchen, denen solche Probleme unbekannt sind. Doch auf der anderen Seite gefiel mir die hiesige Auffassung von dem Familienleben auch nicht – lebten sie nicht aneinander vorbei und nicht miteinander?
Erst früh am Morgen – es war schon hell – fiel ich in einen unruhigen Schlaf mit vielen, beängstigenden Träumen. Ich war fast dankbar, als mich der klingelnde Wecker von den Alpträumen befreite.
Als ich einige Tage darauf nach meiner Arbeit in ein Kaufhaus ging, um etwas einzukaufen, kam ich an einem Stand vorbei, an dem sich viele Menschen drängten. Als ich nachsah, was dort vor sich ging, sah ich einen gutaussehenden jungen Mann an einem Tisch sitzen und seinen Namen auf Fotos schreiben. Ich erinnerte mich, sein Gesicht in Filmen gesehen zu haben. Ich ließ mir auch ein Autogramm geben, nachdem er mich nach meinem Vornamen gefragt hatte. Ich nahm das Bild mit nach Hause. Durch Zufall fand mein Bruder das Bild bei mir. Er zeigte es meinem Vater. Der kam wütend in mein Zimmer und schrie mich an. »Jetzt weiß ich, warum du Ismael nicht heiraten willst! Du hast einen deutschen Freund!«
Ich wußte nicht, was Vater meinte. »Nein, das ist nicht wahr! Ich kenne niemanden und habe auch keinen Freund!«
Da wurde mein Vater noch heftiger. »So, und was ist das hier?« Er zeigte mir das Bild.
Jetzt begriff ich sein Mißverständnis. Ich versuchte es ihm zu erklären. Doch er schrie: »Das kannst du jemand anderem erzählen! Ich kann zwar kaum lesen, aber deinen Namen erkenne ich deutlich! Das ist eine raffinierte Lüge!«
Und dann fing er an, völlig außer sich, auf mich einzu-

schlagen. Ich rief: »Hör auf, Vater! Wenn du mich schlägst, werde ich euch für immer verlassen! Wer schlägt, hat Unrecht!«
Da geriet er ganz aus der Fassung. Ich war zu Boden gefallen, und er trat nach mir. Ich kroch von ihm weg zur Türe, stand schnell auf und floh aus der Wohnung. Weinend, ohne Mantel und Schuhe, lief ich zu meiner Schwester, die unweit von uns wohnt. Ich klingelte Sturm an ihrer Haustür.
Erschrocken öffnete sie. »Was ist passiert? Was hast du?«
Ich stammelte: »Ich bin von zu Hause weggelaufen und werde nie dorthin zurückkehren! Vater hat einen Wutanfall bekommen und hätte mich beinahe totgeschlagen!«
Ich erzählte, was vorgefallen war. Nachdem ich mich einigermaßen beruhigt hatte, überlegten wir, was wir tun könnten. Es traf sich wenigstens günstig, daß der Mann meiner Schwester nicht zu Hause war und das kranke Kind schon schlief. Wir konnten also in Ruhe beraten.
»Als erstes brauche ich meine Sachen!« sagte ich. »Schon, um morgen zur Arbeit gehen zu können.« Meine Schwester schlug vor, sie holen zu wollen. Ich riet ab. »Dann weiß Vater gleich, wo ich bin!« Außerdem befürchtete ich, daß auch sie Schwierigkeiten haben werde. »Ich werde einfach die Polizei anrufen und unter ihrem Schutz meine Sachen selbst holen!« schlug ich vor.
Leyla versuchte, mir dies auszureden. »Laß das lieber! Leg' dich jetzt etwas hin und versuche zu schlafen. Morgen werden wir sehen, was wir tun können!«
Ich aber wollte sofort etwas unternehmen. Während Leyla in der Küche einen Tee zubereitete, wählte ich die Nummer der Polizei. Ich schilderte dem Beamten den Vorfall, gab Namen und Adressen an und bat um Hilfe bei der Abholung meiner Sachen. Man versprach, daß ein Funkwagen mich in etwa fünfzehn Minuten bei meiner Schwester abholen würde.
Während des Telefonats war meine Schwester aus der Kü-

che mit einer dampfenden Teekanne zurückgekehrt. Als sie den Rest des Gesprächs mitgehört hatte, wurde sie sehr traurig: »Du wirst sehen, dadurch wird alles noch viel schlimmer!«

Ich beruhigte sie nun meinerseits: »Vater benimmt sich einfach unmöglich! Es wird Zeit, daß man ihm dies mal klarmacht!«

Nach zwanzig Minuten trafen die Beamten ein. Sie waren mit einem Mannschaftswagen gekommen. Sieben Polizisten versteckten sich vor unserer Haustüre, und ich sollte klingeln. Vater öffnete. Er schien sich beruhigt zu haben. Er lächelte sogar ein wenig, als er mich sah. Doch dann entdeckte er die Beamten. Sie drängten ihn zurück und betraten die Wohnung. Ein Polizist fragte ihn nach seinem Namen. Er nahm ihn am Arm und führte ihn in den Flur.

Mein Vater war völlig verstört: »Was wollen Sie von mir? Was soll das?«

Der Beamte versuchte ihm zu erklären: »Sie sind angezeigt worden, Ihre Tochter mißhandelt zu haben. Sie befinden sich in einem Land, wo dies verboten ist. Wir werden jetzt Ihrer Tochter Gelegenheit verschaffen, ihre Papiere und persönlichen Gegenstände aus Ihrer Wohnung herauszuholen. Alles Weitere werden Sie schriftlich mitgeteilt bekommen!«

Mein Vater blieb stumm. Währenddessen gingen zwei Beamte mit mir in mein Zimmer. Ich raffte in Eile das Notwendigste zusammen und stopfte es in Plastiktüten.

Da hörte ich es wieder klingeln. Zwei gut gekleidete Herren hatten sich zufällig diesen Moment ausgesucht, meinem total verstörten Vater ausgerechnet eine Lebensversicherung verkaufen zu wollen. Erst verstand er gar nichts. Dann aber hörte ich ihn brüllen: »Machen Sie, daß Sie wegkommen! Ich brauche keine Versicherungen! Ich habe momentan andere Probleme!« Dann knallte er die Türe zu. Die beiden seriösen Herren ergriffen die Flucht, sei es, daß sie vor dem massiven Polizeiaufgebot erschrocken

waren oder vor meinem tobenden Vater Angst bekommen hatten.
Ich war inzwischen mit Packen fertig. Als ich auf dem Flur notgedrungen mit meinen Tüten an Vater vorbei mußte, hatte er Tränen in den Augen. Er sagte leise: »So weit mußte es kommen, Lale. Du bringst mir die Polizei ins Haus. Ich werde behandelt wie ein Verbrecher. Schimpf und Schande hast du über unsere Familie gebracht!«
Wortlos nahm ich mein Kopftuch vom Garderobenhaken und ging.
Nachdem ich das Haus, in dem mein Vater wohnte, mit den Beamten verlassen hatte, brachten sie mich in dem Mannschaftswagen zu einem Revier. Ein freundlicher Mann in Zivil begrüßte mich, nachdem ich eine halbe Stunde gewartet hatte. Er forderte mich auf, die Geschehnisse der Reihe nach zu erzählen. Geriet ich ins Stocken, stellte er behutsam weitere Fragen. Manchmal war ich den Tränen nahe. Ein Beamter in Uniform schrieb an einer Schreibmaschine im Hintergrund mit. Ab und an unterbrach er meine Erzählung und stellte Zwischenfragen, manchmal sprach ich ihm zu schnell oder er konnte – obwohl ich anerkannterweise gut deutsch spreche – mich nicht verstehen. So dauerte die schriftliche Fassung meiner Erlebnisse fast zwei Stunden. Danach mußte ich das Ganze durchlesen. Ich war erstaunt, wie fremd mir die Worte waren, die ich gesagt haben sollte, einiges verstand ich nun meinerseits nicht. Ich war aber viel zu erschöpft, um mir die betreffenden Sätze erklären zu lassen und unterschrieb.
Der Mann in Zivil gab dem Beamten im Vorraum die Anweisung, mich bei einer Frau Berger telefonisch anzumelden und forderte mich freundlich auf: »So, wir haben hier jetzt alles erledigt. Nehmen Sie bitte Ihre Sachen und folgen diesem Kollegen!« Er wies auf einen der Polizisten, welcher mit bei mir zu Hause war. »Wir werden Sie an einen Ort bringen, wo Sie vorläufig in Sicherheit sind!« Er reichte mir seine Hand und wünschte mir alles Gute.

Ich stieg in einen Privatwagen, in dem schon ein Mann am Steuer wartete. Beide brachten mich in einen Vorort Berlins. Wir hielten vor einer schönen, grünbewachsenen Villa. Es wurde schon hell. »So, mein Fräulein, da ist das Hotel!« versuchte mich der Fahrer aufzuheitern. Ich hatte während der Fahrt kein Wort gesprochen. Der Uniformierte stieg mit aus und klingelte an dem alten, schmiedeeisernen Gartentor. Eine ältere Frau öffnete. »Guten Morgen, Frau Berger! Ich bringe den Neuzugang! Sie sind ja telefonisch informiert worden!«
»Ja, ja – ist in Ordnung!« sagte Frau Berger und schien nicht sehr freundlich. Sie war wohl wegen der nächtlichen Störung etwas ungehalten.
Verschlafen zeigte sie mir ein Zimmer: »Hier drinnen ist ein Bett für dich! Sei leise, die anderen schlafen! Alles andere besprechen wir morgen! Oder besser: nachher!« korrigierte sie sich.
Ich betrat auf Zehenspitzen den Raum, in dem eine Frau und ein Kind schliefen. Ich schob meine Tüten unter das freie Bett und legte mich unausgezogen darauf. Ein Blick auf meine Armbanduhr sagte mir, daß ich noch etwa eine Stunde – den längeren Anfahrtsweg eingerechnet – bis zum Aufstehen zum Ausruhen zur Verfügung hatte, dann mußte ich zur Arbeit aufbrechen. An Schlaf war sowieso nicht zu denken. Meine Gedanken kreisten unaufhörlich um das Geschehene und um meine Zukunft.
Jetzt war ich also in einem sogenannten Frauenhaus gelandet.

[...]

Ich hatte im Frauenhaus nach der ereignisreichen Nacht kein Auge zugemacht. Die Frau und das Mädchen schliefen noch, als ich das Zimmer leise verließ. Ich suchte das Gemeinschaftsbad auf und machte mich frisch. Alles wirkte ordentlich und sauber. Aus der Küche im Erdgeschoß hörte ich Geräusche. Ich ging hinunter. In einer

Stunde mußte ich an meinem Arbeitsplatz in einem anderen Vorort Berlins sein. In der Küche bereitete eine jüngere Frau das Frühstück für mehrere Personen vor. »Ich heiße Lale und bin erst seit zwei Stunden hier!« stellte ich mich vor. »Ich muß leider gleich wieder weg, zur Arbeit!« ergänzte ich.

»Und ich bin Regina«, antwortete sie freundlich, »ich bin heute für die Küche zuständig! Wir wechseln uns hier nämlich bei der Hausarbeit ab!« Sie stellte mir eine Tasse hin. »Eine Tasse Kaffee wirst du wohl noch trinken können!«

Während ich dies tat, schrieb ich mir die Adresse und Telefonnummer des Hauses auf. Außerdem bat ich Regina, der Leiterin des Hauses, Frau Berger, auszurichten, daß ich gegen 17.00 Uhr zurück sei. Regina warnte mich noch: »Sprich mit niemandem über deinen Aufenthaltsort, paß auf, wenn du zur Arbeitsstelle gehst und wenn du sie verläßt! Oft lauern die Herren, derentwegen wir hier sind, uns an den Arbeitsstellen auf!« Und sie setzte lachend hinzu: »Wir können die nämlich hier nicht gebrauchen! Hier ist es sehr schön ohne sie. Und wir werden uns schon gut verstehen ...«

Waren es die aufmunternden Worte oder der Kaffee – ansonsten trinke ich nur Tee –, meine Stimmung hatte sich wesentlich gebessert. Eilig brach ich zur Arbeit auf.

Am Arbeitsplatz war alles wie sonst. Ich erzählte niemandem etwas von meinen nächtlichen Erlebnissen, nur eine mit mir seit langem befreundete türkische Kollegin weihte ich unter dem Siegel der Verschwiegenheit ein. Sie versprach mir, sich um mich zu kümmern und mir zu helfen. Einige Tage darauf nahm sie mich beiseite: »Du, Lale, du mußt jetzt unbedingt auf andere Gedanken gebracht werden. Ich hab' da eine Idee! Am nächsten Montag findet bei uns ein Beschneidungsfest statt! Hast du nicht Lust, hinzukommen? Du kannst auch ruhig jemanden mitbringen!« Ich versprach, es mir zu überlegen.

Im Frauenhaus hatte ich in den letzten Tagen, bzw. Abenden, die Frau und das Kind, mit welchen ich das Zimmer gemeinsam bewohnte, näher kennengelernt. Sie war eine Frau von knapp Dreißig, gutaussehend, blond, schlank und hieß Karin. Sie lebte auch erst seit kurzem hier und schien sehr unglücklich. Auf der Stirn trug sie ein Pflaster: »Das einzige, was er mir mitgab!« sagte sie traurig. Das kleine Mädchen, Marion, etwa vier Jahre alt, verstand die Situation noch nicht: »Mama, wir bleiben doch noch ein paar Tage hier? Hier ist es so schön ruhig!« Karin strich ihr über das Haar.

Wir verbrachten die Abende gemeinsam. Bei schlechtem Wetter sahen wir unten im Gemeinschaftsraum fern, wenn es schön war, saßen wir im Garten der Villa. Um auch ihr etwas Abwechselung zu verschaffen, fragte ich sie, ob sie nicht Lust habe, auf das türkische Beschneidungsfest mitzukommen. Sie sagte sofort zu. Wir vereinbarten mit Frau Berger, daß sie nach Marion sehen solle, und gingen an dem betreffenden Montagabend so festlich gekleidet, wie es in unserer Lage möglich war, in den von meiner Kollegin angegebenen Festsaal.

Ich hatte zwar etwas Bedenken. Immerhin wäre es nicht völlig auszuschließen, daß jemand von meiner Familie dort sei. Nachdem ich mich dort gründlich umgesehen hatte, stellte ich erleichtert fest, daß dies nicht der Fall war.

Der Saal wimmelte von Menschen, die meisten Landsleute von mir. Normalerweise hätte der sonst für allerlei Veranstaltungen verwendete Raum etwa zweihundert Menschen gefaßt, heute waren bestimmt dreihundert da. Ich sah türkische Trachten, die meisten Frauen mit besonders wertvoll gestickten Kopftüchern, aber auch moderne europäische Kostüme und Anzüge. Auch ganze Familien mit Kindern wie die Orgelpfeifen. Es herrschte ein ohrenbetäubender Lärm: Worte in vielen Sprachen, Lachen, Musikfetzen einer Kapelle, Kindergeschrei, alles wild durch-

einander. An der Wand eine Reihe von Tischen, beladen mit Speisen aller Art – überwiegend natürlich türkische Spezialitäten. In einer Ecke stand eine große Liege, die Eckleisten mit Fähnchen, Girlanden und Spruchbändern geschmückt. In zwei Metern Höhe waren diese mit Ketten von bunten Lämpchen verbunden. Auf einem Band las ich: Dir, lieber Murat, alles Gute! Auf den Fähnchen stand: Es lebe Murat!
Ich erklärte meiner deutschen Begleiterin, die das Treiben mit großem Erstaunen verfolgte, daß Murat der Name des Jungen sei, der heute Abend die Prozedur über sich ergehen lassen mußte.
Plötzlich verhallte der Lärm. Die Musik verstummte. Einer der Musiker stieg auf einen Stuhl. Jetzt erst bemerkte ich die Stelle, wo sich die Kapelle in dem Getümmel befand. Der Mann auf dem Stuhl richtete einige Worte an die Umstehenden. Obwohl er ein Mikrofon benutzte, war bis zur Liege, an der wir uns befanden, kein Wort zu verstehen. Da hob er unter aufbrausendem Applaus einen blassen, etwa neunjährigen Knaben in die Höhe. »Das ist Murat!« schrie ich meiner deutschen Freundin zu. Murat wurde jetzt unter allgemeinem Jubel auf den Schultern des Mannes in die Mitte des Saales getragen. Alle drängten zu ihm und machten sich an seiner Kleidung zu schaffen.
»Was machen sie mit ihm?« versuchte mich Karin zu fragen.
»Er bekommt Geld!« erklärte ich ihr, indem ich in ihr Ohr rief.
Im Nu war der ganze Junge von oben bis unten mit Geldscheinen bedeckt, welche die Leute mit Nadeln an seine Kleidung geheftet hatten. Es waren fast alles 100,– und 50,– DM-Scheine.
Anschließend wurde der trotz der erheblichen Geldscheingeschenke sehr unglücklich dreinschauende Murat in unsere Richtung getragen. Von allen Seiten klickten Fotoapparate, ein wahres Blitzlichtgewitter. Auf der Liege

abgesetzt, wurde er von einer Frau, wahrscheinlich der Mutter, erst vom Geld, dann von der Kleidung befreit. Die Menschen verstummten auf einmal. »Jetzt kommt der unangenehmere Teil der Geschichte«, sagte ich zu Karin. Ein Mann im weißen Kittel und mit einer Tasche drängte sich durch die Menge. Bei der Liege und dem Kind angelangt, entnahm er der Tasche einige Instrumente und eine Rolle Zellstoff. Dann legte er Murat auf die Liege.

Jetzt waren alle still. Die weiter hinten stehenden Gäste reckten sich und stiegen auf die Stühle. Ehe man sich versah, hatte der Mann mit zwei, drei routinierten Schnitten die Operation durchgeführt. Die Mutter hielt den Knaben und tröstete ihn. Er weinte leise. Die stark blutende Wunde wurde mit einem Puder bestreut und mit Zellstoff bedeckt und verbunden.

Karin war sehr blaß geworden. Wir gingen in Richtung Ausgang. Plötzlich sackte sie zusammen. Ich stützte sie, und wir drängten durch die Menge. Meine türkischen Landsleute feierten inzwischen schon wieder, aßen und tranken, lachten und sangen. Einige tanzten, obwohl dies bei dieser Enge kaum möglich war. Endlich hatten wir den Ausgang erreicht.

Als ich sie auf die Stufen der Treppe setzte, sagte sie erschöpft: »Wenn ich das gewußt hätte ...!«

»Ist dir besser?« fragte ich besorgt. Ich machte mir Vorwürfe, sie mitgenommen zu haben.

»Es geht schon wieder!« antwortete sie. »Mann, habt ihr Nerven! Der arme Bengel!« und dabei lachte sie schon wieder ein wenig. »Jetzt brauch' ich was zu trinken!« sagte sie und stand auf.

Ich schlug vor, wieder hineinzugehen. »Du brauchst keine Angst zu haben, es ist alles vorbei!« versprach ich ihr. Nach einigem Zögern stimmte sie zu, und wir verlebten noch einen sehr lustigen Abend ohne weitere Störungen, der uns unsere großen, wenn auch sehr unterschiedlichen Probleme für ein paar Stunden vergessen ließ.

Vater lebte in dieser Zeit voller Unruhe. Er dachte viel an seine Tochter Lale. Immer noch zweifelte er an sich. Er konnte an seinem Verhalten Lale gegenüber nichts Verwerfliches entdecken. Nach seiner Meinung war er durch sie provoziert worden. Bei gemeinsamen Essen mit den übrigen Familienmitgliedern brachte er immer wieder das Gespräch auf Lale. »Wo hat sie die Polizei hingebracht? Wie mag es ihr gehen? Warum meldet sie sich nicht? Sie könnte doch wenigstens einmal anrufen!« Jetzt fehlte ihm Mutter, die in der Türkei lebte. Immer, wenn er mit Problemen nicht fertig wurde, vermißte er sie.
»Wir müßten Kemal (er war der älteste Sohn und lebte verheiratet in einer eigenen Wohnung in einem anderen Stadtteil) fragen! Er weiß in solchen Sachen immer Rat!« empfahl Mustafa.
Vater fand den Vorschlag gut. »Rufe Kemal an und bestelle ihn für morgen abend zu uns.«
Mustafa erhob sich sogleich, um zu telefonieren. Er war insgeheim über das Verschwinden von Lale gar nicht so böse. Erstens war Vater dadurch abgelenkt und richtete nicht so viel Aufmerksamkeit auf ihn. Zweitens war auch Lale immer sehr wachsam gewesen und hätte vielleicht etwas von seinem Haschisch-Konsum oder der Beendigung seiner Lehre bemerkt.
Auch Ismael, der von Vater auserwählt worden war, Lale zu heiraten, wurde zu dem Treffen eingeladen. Wie Mustafa schon richtig vermutete, hatte Kemal eine Idee: »Die einzige Möglichkeit, Lale zu finden, ist, ihre Arbeitsstelle zu beobachten. Haben wir sie gefunden, muß derjenige, der am besten von uns zu ihr steht, sie mit einem Vorwand überreden, mich in meiner Wohnung zu besuchen. Dort werden wir alle sie erwarten. Wir werden sie vor die Wahl stellen: entweder sie heiratet dich, Ismael, oder wir schicken sie zu Mutter in die Heimat zurück!« Vater war einverstanden. Er war froh, daß Kemal die Sache in die Hand nahm.
Der Familienrat beschloß, daß Mustafa versuchen sollte,

Lale an der U-Bahnstation nahe ihrer Arbeitsstelle abzufangen und anzusprechen.
Schon am nächsten Morgen kurz vor sechs Uhr stand er da. Die Belegschaft strömte an ihm vorbei – Lale kam nicht. Er ging zur nächsten Telefonzelle und verständigte Kemal: »Kemal, hier ist Mustafa! Lale ist nicht gekommen, was soll ich tun?«
»Geh' inzwischen nach Haus' zu Vater und berichte ihm. Ich werde versuchen, telefonisch bei der Firma Näheres zu erfahren!« knurrte Kemal, der noch geschlafen hatte.
Kemal fand heraus, daß Lale noch da arbeitete, aber zur Zeit Nachmittagsschicht hatte. Er hatte sich als Versicherungsvertreter ausgegeben. Nun wurde Mustafa ein zweites Mal beauftragt.
Diesmal klappte es. Er sah Lale. Er sprach sie jedoch nicht an, da sie nicht allein war. Sie unterhielt sich mit einer Kollegin. Sie sah Mustafa nicht.
Nach der Arbeit wartete er wieder. Sie war allein. »Hallo, Lale!« Sie drehte sich erschrocken um. »Keine Angst, ich tue dir nichts. Ich bin allein, und es weiß keiner, daß ich hier bin!« log er gekonnt. »Ich will nur mit dir reden!« Sie zögerte. »Komm doch bitte mit in das Café da drüben, wir trinken einen Tee und sprechen über alles.«
»Es gibt nichts zu besprechen!« sagte Lale bestimmt.
»Bitte, bitte, komm!« bettelte Mustafa.
Mißtrauisch beäugte Lale das Café. »Gut, wir gehen in ein anderes Lokal, dort unten an der Ecke!« sagte Lale.
Mustafa war einverstanden. In dem Lokal angekommen, setzten sie sich. Mustafa bestellte zwei Tee. »Wie geht's dir, Lale? Was machst du?« erkundigte sich Mustafa.
»Oh, sehr gut! Ich fühle mich frei, habe neue Freunde gefunden.« Sie verlor langsam ihre Angst.
»Und wo wohnst du jetzt?« fragte Mustafa.
»Das darf ich nicht sagen!« antwortete Lale ernst. »Aber nun zu euch? Wie geht's dir? Du siehst nicht gut aus. Ist die Lehre so anstrengend?«

Mustafa wurde verlegen. »Ja, ganz schön. Sie verlangen sehr viel!« Er konnte Lale nicht ansehen.
»Und wie hat Vater die Sache verkraftet?« fragte sie weiter.
»Nun, er ist noch nicht darüber hinweg. Außerdem macht ihm die Kemal-Familie Sorgen!« leitete er geschickt seinen Plan ein.
»Kemals Familie? Wieso?«
»Sie müssen in den nächsten Tagen wegen einer Verlegung seiner Firma nach Westdeutschland umziehen. Übrigens, sie wollten dich unbedingt vorher noch einmal sehen!«
Lale tappte in die Falle. Sie versprach, die Familie am kommenden Sonntag nachmittag zu besuchen. »Aber sage Vater auf keinen Fall davon etwas!« beschwor sie Mustafa. Dann trennten sie sich.
Am bewußten Tag erschien sie an der Wohnungstür. Kemal öffnete. Kaum hatte sie den Flur betreten, schloß Kemal sofort hinter ihr die Türe ab. Sie sah Vater, Ismael, Mustafa und die Frau Kemals. Der Schock war sehr groß, und sie fing an zu weinen. Wie besprochen, wurde sie vor die Entscheidung gestellt: »Entweder du heiratest Ismael oder du gehst zu Mutter in die Heimat zurück! Ohne eine Antwort lassen wir dich hier nicht raus!« sagte Vater streng.
Lale antwortete unter Tränen: »Ismael heirate ich nie! Und ab jetzt sage ich gar nichts mehr!«
»Wie du willst. Morgen holen wir einen Flugschein nach Istanbul für dich!« erwiderte Vater.
Man hatte ein Zimmer hergerichtet. Die Fenster ließen sich nicht öffnen. Die Tür fiel hinter ihr ins Schloß. Die vier Männer vereinbarten einen regelrechten Wach-Schicht-Dienst. Rund um die Uhr. Ismael begann. Vater und Mustafa gingen nach Hause, da man damit rechnete, das Ausbleiben Lales würde eine Suchaktion der Polizei bei ihrer Familie auslösen. So war es auch. Schon in der folgenden Nacht kamen zwei Herren und wiesen sich als Kripo-Beamte aus. Sie hatten einen Schein und durchsuchten die Wohnung, natürlich vergeblich.

Lale war nun schon den dritten Tag eingesperrt. Sie dachte ständig darüber nach, wie sie aus der Wohnung fliehen könne. Diese befand sich im ersten Stock. Als Mustafa zur Wache eingeteilt war, bat sie ihn, einen Moment auf den Balkon zu dürfen, um Luft zu schnappen. Die Fenster in ihrem Zimmer ließen sich ja nicht zum Lüften öffnen. Er erlaubte es, blieb jedoch bei ihr. Trotzdem gelang es ihr, eine Rolle mit einem Stück Plastik-Wäscheleine, welche auf dem Balkon lag, an sich zu bringen. Etwas später verlangte sie, auf die Toilette gehen zu dürfen. Dort öffnete sie das schmale Fenster, verknotete die Leine an einem Rohr und ließ sich vorsichtig auf den Hof hinab. Dennoch verletzte sie sich an den Händen, da die Leine zwar haltbar, aber auch sehr scharf war. So rannte sie mit blutenden Händen und barfuß durch die Straßen. Die Passanten blieben stehen und schauten ihr kopfschüttelnd nach.
»Können Sie mir sagen, wo das nächste Polizei-Revier ist?« fragte sie einen Mann. Doch der zuckte mit den Achseln. Erst eine ältere Frau beschrieb ihr den Weg genau. »Hatten Sie einen Unfall?« erkundigte sich die Frau neugierig.
»Ja, ja!« sagte Lale und rannte weiter. Auf dem Revier verband man ihre Hände provisorisch und ließ sich den Vorgang schildern. Anschließend wurden einige Sätze in den Fernschreiber eingegeben. Auch das Frauenhaus rief man an. Danach erstattete sie Anzeige gegen ihren Vater wegen Freiheitsberaubung. Auch die Namen ihrer Brüder und Ismaels gab sie an. Inzwischen war ein Krankenwagen gerufen worden, und sie wurde in ein Krankenhaus zur Unfallabteilung und, nach einer Untersuchung und dem Anlegen richtiger Verbände, in das Frauenhaus zurückgebracht.
Lale rief auf Anraten von Frau Berger und Karin, die sich beide große Sorgen gemacht hatten, gleich die Firma an, in der sie beschäftigt war. Sie erklärte ihr unentschuldigtes Fernbleiben. Als sie am nächsten Tag eine schriftliche Bestätigung von der Polizei vorlegte, versprach man ihr, sie

in einem Filial-Betrieb in einem anderen Stadtteil weiter beschäftigen zu wollen. Die drei Fehltage wollte man ihr vom Urlaub abziehen. Unter Urlaub stelle ich mir etwas anderes vor, dachte sie, aber sie erklärte sich einverstanden. Schon am übernächsten Tag begann sie ihre neue Tätigkeit. Sie mußte sich wieder an neue Arbeitszeiten, Maschinen und Kollegen gewöhnen …
Vater, Ismael, Kemal und Mustafa wurden einzeln schriftlich zu einer Kriminalpolizeistelle geladen. Man verhörte sie. Da die Aussagen sich teilweise widersprachen, kündigte man ihnen ein Verfahren und empfindliche Strafen an. Insbesondere, da Vater keine Einsicht zeigte und den Beamten, der ihn vernahm, noch beleidigte. Als Mustafa vernommen wurde, verwickelte er sich in Widersprüche. Seine Angaben sollten überprüft werden, und bis zur Klärung behielten sie ihn gleich da. Man stieß auf seine Beteiligung an mehreren Auffahrunfällen in kurzer Zeit hintereinander, vermutete Versicherungsbetrug und steckte ihn in Untersuchungshaft. Als Vater das erfuhr, brach für ihn alles zusammen …

12. Eleni Torossi: Gespräch mit Carmine Chiellino
(Auszug)

Ist der Schmerz bei dem, der das Land aus politischen Gründen verlassen muß, größer als bei dem, der es aus wirtschaftlichen Gründen tut?

Ja. Ich kann mir aber vorstellen, daß diejenigen, die als Gastarbeiter nach Deutschland kommen, den gleichen Schmerz spüren, wenn sie ihre Heimat verlassen und in ein unbekanntes Land kommen.

Wie hat sich Ihre Ankunft in der deutschen Gesellschaft gestaltet?

Ich muß sagen, die ersten fünf Jahre in Deutschland waren sehr, sehr schwierig für mich. Ich konnte mich sehr schlecht hier eingewöhnen, wir hatten große Schwierigkeiten, bis wir eine normale Arbeit gefunden hatten, bis wir überhaupt politisches Asyl zugesprochen bekamen, bis wir deutsche Freunde gewonnen hatten, das hat sehr lange gedauert. Parallel zu meinem Versuch, mich hier besser zurechtzufinden und mich an München zu gewöhnen, gab es die Schwierigkeit, mich mit meinem Mann besser zu verstehen und mich zu emanzipieren in unserer Beziehung. Das ging nicht gut, und ich mußte mich von meinem Mann trennen. Erst dann begann eine Art Normalisierung meines Lebens hier in Deutschland. Ich habe mich zum erstenmal selbständig gefühlt, ich habe mich zum erstenmal gefreut, daß ich in der Lage bin, etwas zu schaffen, allein dadurch, daß ich hier eine Wohnung mieten konnte, eine andere Arbeit gefunden habe, eine geregelte Arbeit. Ich habe gemerkt, daß ich in der Lage bin, ganz unabhängig von Vater, Mutter oder Ehemann meine eigenen Entscheidungen zu treffen. Und da begann ich auch mit dem systematischen Lernen der Sprache. Ich habe wahnsinnig gelernt und hatte vor, zu studieren. Das alles war erst möglich, als ich mich von meinem Mann getrennt hatte.

Ihre Ankunft in Deutschland, die Trennung von der Gesellschaft, in der Sie bisher gelebt hatten, hat Ihnen also die Möglichkeit gegeben, Ihr Leben neu zu gestalten?

Ja, genau so ist es. Ich erinnere mich daran, als ich in diese Wohnung gezogen bin, war ich am Anfang ganz verstört, das war etwas ganz Neues für mich, ganz allein zu sein, mich auf niemanden beziehen zu können, bei keinem Rat zu holen. Aber gleichzeitig war ich sehr stolz darauf, daß ich von jetzt an ganz allein die Entscheidungen treffen und mein Leben gestalten konnte. Ich begann, Fahrunterricht zu nehmen und habe mir mein erstes Auto gekauft. Ich begann auch, deutsche Freunde zu haben; meine beste Freundin war eine Deutsche. Und auch im sexuellen Leben habe ich Befreiung erfahren, denn ich brauchte keine Angst zu haben, die Familie würde verfolgen, was ich tue, welchen Freund ich hatte; ich brauchte keine Angst zu haben, meine Mutter würde schimpfen, wenn ich spät nach Hause kam; schon die Tatsache, daß ich einen Mann in meine eigene Wohnung mitnehmen konnte, war für mich sehr wichtig; diese Unabhängigkeit, ich kann in meine Wohnung den Mann mitnehmen, den ich will, oder ich kann mich auch dagegen wehren, wenn ein Mann in meine Wohnung will.

13. Feridun Zaimoglu: Die Skinhead-Story

Eines Tages, wir sind wieder im Flohmarkt, immer Flohmarkt, mein halbes Leben im Flohmarkt, auf einmal kommen ein paar Typen rein: Ja, es wurde eine türkische Frau zusammengeschlagen im Sophienhof, und zwar von Skinheads. Was, wie? Türkische Frau? Wer hat den Mut, ne türkische Frau anzugreifen? Jeder weiß doch, daß wir zusammenhalten. Das warn Skinheads und so. Alles klar, amına koyum, haben wir abgemacht, jeder sagt jedem Bescheid, daß wir uns morgen hier im Flohmarkt treffen, voll bewaffnet, und reingehen ins Error, und den ganzen Laden auseinandernehmen, weil da die ganzen Skins sind, weißt du, das war bekannt. Jeder sagt jedem Bescheid. Und du gehst am nächsten Tag auf die Straße, ein Türke sagt zu dir: Hast du schon gehört, wir gehen rein ins Error und so. Ich sag: Ja, weiß ich, ich hab zehn Leute getroffen, die andauernd zu mir sagten: Error!! Jeder wußte Bescheid. Abends getroffen, alle in Autos rein, son Riesenkonvoi, ich schätz mal, wir waren dreißig, vierzig Mann, da wollten so viele noch mitkommen, die ganzen Kids, die Dreizehn-, Vierzehnjährigen, ein paar sind mit Taxis, und die Kleinen sind gelaufen. Sie wollten unbedingt mitkommen mit den großen Brüdern und den Laden auseinandernehmen. Ich hab alles geplant, weißt du, ich hab cool geplant, ich sag: Jungs, zuerst fahrt ihr los und parkt da, dann fahren wir los und parken dort; weil, wenn wir alle auf einmal da ankommen, das fällt auf, weißt du, deshalb in kleinen Gruppen ankommen und uns vor der Tür treffen, dann können wir das Ding cool abziehen. Alles klar. Ich dann als erster rein innen Laden, ich kuck, son Typ, klein wien Furz, aber breit, er hält mich so fest, aber lächelt dabei und sagt: Raus, raus, du Ausländer. Das warn Pole oder so. Ich kuck ihn an, er lächelt, irgendwoher kenn ich ihn. Nix raus, du raus, sag ich. Und er immer wieder: Nein, du raus, du raus. Und dann fällts mir plötzlich ein, das is mein Ex-Trainer, so hardcore bodybuildingmäßig. Ich sag: Ich geb dirn guten Tip, geh raus! Er aber: Nein, geht nicht. Ja, leck mich am Arsch. Wir alle rein, ich konnte ihn nicht schlagen, ich kannte ihn ja. Den haben die Jungs bearbeitet, n paar aufs Maul, und er lag am Boden. Das war dann vorbei mit ihm als Hausmeister, Alter, alle Schock, Musik aus, alle kucken und warten darauf, daß wir anfangen. Die ganzen Leute glotzen. Ich voll durch zum Tresen, da standn Mädchen dahinter, ich steh direkt vorm Tresen, die Alte kuckt mich an, ich kuck die Alte an, die ganzen Leute stehen langsam auf, die Männer in die Ecke, die Frauen machen ne Mauer davor. Mußt du dir mal reinziehen, was für Flaschen, weißt du. Ich merk, da passiert nix, und ich schrei: Hey, wo sind die Skins, wo seid ihr, wo habt ihr euch verkrochen, wo seid ihr auf einmal? Kein Arsch kommt raus. Klare Sache, weißt du, da is ja keiner so blöd und kommt an und sagt: Sieg Heil, und ich hasse übrigens Türken. Ach ja, als wir reingingen, kam uns auch der Chef entgegen mit: Raus, raus! Voll der Harte. Ich sah nurn Arm hinter mir ausholen, und der Wichser kriegt eins aufn Kopf mitm Baseballschläger und geht zu Boden; da lag er und stöhnte rum. Ich bin also am Tresen, keiner macht was, wir sind da mit dreißig, vierzig Mann, alle warten aufn Zeichen, alle warten, daß einer anfängt. Okay, okay, alles klar, dann mach ich das. Ich mitm Baseballschläger am Tresen, ich kuck die Frau an, sie kuckt mich an, sie kapiert und duckt sich gleich. Da waren lauter Flaschen und Gläser im Hintergrund, ich, bamm, darauf, die ganzen Regale mitn Flaschen gehn zu Bruch. Und dann gings los, als die Jungs Lärm gehört haben, der ganze Laden, alles auseinander, Tische, Stühle, alles, was es da gab, alles, was zu bewegen war. Ich hab nur kurz innegehalten und auf die Schlacht gekuckt, unsere Jungs haben diese Riesenkristallaschenbecher genommen und, bamm, rein in die Leute geschmissen, scheißegal auf wen, Hauptsache du triffst und einer fällt um. Ich sah son Geldautomaten, und ich dachte: Ja, den kannst du auseinandernehmen. Da haben mich n paar gesehen, und die auch gleich von wegen: laßt uns das Ding mal aufmachen und so; alle am Kämpfen und ich am Geldautomaten, aber ich hab das Scheiß-Ding nicht aufgekriegt. Auf einmal, Polizei, Polizei, wir alle raus, die Bullen stehen da und kucken uns an. Die machen nix, die warten. Beim Rausgehen kucke ich über die Schulter, überall liegen Typen rum, voll fertig, Blut, ohnmächtig, der eine mitm Kopf inner Glasscheibe vonner Tür hängengeblieben, der Hals aufgeschlitzt, der hängt da und blutet. Ich dachte, der is tot, der is am Ende. Ich dachte, der is gekillt, Alter, scheiße: Mord und so. Dann bin ich halt rausgelaufen, ich wußte, es is ein Fehler, jetzt mitm Auto wegzufahren, ich mußte mich einfach verstecken, bis die Polizei aufhört zu suchen, und dann erst raus ausm Versteck. Da is gleich um die Ecke ne Shell-Tankstelle, da oben aufs Dach bin ich rauf, hab da die Bullenhuren angekuckt, die rasten hin und her. Ich rauch da aufm Dach, und die Polizei fährt rum. Nachn paar Stunden seh ich n paar von unsren assimilierten Jungs, diese Streber, Abiturtürken, weißt du, und ich ruf: Hey, hey. Die kucken hoch und rufen: Komm runter, du Scheiß-Skin! Die haben von unserer Aktion mitbekommen und sind da vorbeigefahren, unsere Strebertürken, und dachten wohl erst, da sind Skins, da oben aufm Dach, und wollten ein auf harten Türken in unserem Schatten machen, oğlum, ich bins, Ertan, was heißt hier: komm runter. Und sie: Mensch, Ertan, komm schnell, da is was los. Ich sag: Paßt auf, Jungs, checkt die Lage, ihr müßt uns mitnehmen nach Gaarden. Und die voll begeistert, konnten später erzählen: Ja, wir waren dabei, wir haben mitgemacht in der Stunde der Gefahr. Ich steig also runter und laß mich von den Jungs nach Gaarden fahren. Bevor ich zur Schlägerei ging, war ich zu Haus und sag meinem Vater: Ich muß weg, hab was zu tun, ich komm bald wieder. Ich nehm mein Schläger, er hat gleich kapiert und fragt, was los is. Ich erzähl ihm die Geschichte und sag: Heute die türkische Frau und morgen meine Mutter. Wir müssen den Leuten zeigen, es läuft nicht, wir werden uns wehren. Die Arschlöcher haben schon einmal die Juden vergast, die haben das einmal gemacht, wir wehren uns. Hey Mann, überleg mal, wenn meine Mutter angegriffen wird und alle Leute von sich aus sagen, wir ficken diese Stadt, is das nicht cool? Okay, sagt mein Vater, ich geb dir die Erlaubnis, den Laden auseinanderzunehmen. Zum ersten Mal hat er mir sowas erlaubt, das erste Mal, daß ich mit seinem Segen zu ner Schlägerei gegangen bin. Er sagt: Aber laß dich nicht erwischen! Na ja, am nächsten Tag fragt mein Vater: Wie wars? Und ich erzähl stolz: Ja, wir haben aus dem Laden Kleinholz gemacht. Er sagt: Gut. Dann, ein Tag später, stands inner Zeitung, einer is gestorben und wurde wiederbelebt, n Bundeswehrsoldat, mit Elektroschocks haben die ihn wiederbelebt, den Typen, Hardcore. Und von wegen: Ausländer verwüsten ne Kneipe und so, das stand da drin. Mein Vater sagt: Paß auf, die Presse, die wird euch in die Scheiße ziehen, weil die euch abstempeln wird, und die Öffentlichkeit wird sich über euch aufregen. Geh zur Zeitung und gibn Statement ab; wenn ihr schon so ne Scheiße gemacht habt, dann seid schlau und holt die auf eure Seite. Okay. Ich und Psayyko und Frank, obwohl Psayyko ja bei der Schlägerei nicht dabei war, wir drei sind also zur KN, den Kieler Nachrichten. Erst mal da angerufen: Ja hallo, Sie wissen doch von der Sache im Error. Ich war dabei und ich willn Statement abgeben. Was Sie schreiben in'ner Zeitung is Scheiße. Und die Frau am Apparat voll die Sensation gerochen, sonst ja nicht viel los inner Stadt, sie sagt: Kommen Sie mal rüber, und wir also hin. Wir machen so auf Hardcore-Türken, machen n hartes Gesicht, sie sagt: Erzählen Sie mal, und ich: Es gibt nicht viel zu erzählen, schreiben Sie mal rein, das war nichtn einmaliges Ding, das war so: Da wurde eine türkische Frau zusammengeschlagen, wir lassen uns das nicht bieten, heute irgendeine Frau und morgen meine Mutter, das läuft nicht. Schreiben Sie: Wenn das nochmal in Kiel passiert, dann werden wir die ganze Stadt auseinandernehmen, wir machen überall richtig Kleinholz, jetzt is Schluß; das macht man einmal, zweimal mit uns, doch irgendwann is Ende, dann ficken wir eure Stadt, dann ficken wir Kiel. Sie, Schock, sie dachte: Wahh! Dieser Haß der Kanaken! Und ich noch: Die Namen weglassen. Dann stand es inner Zeitung, mein Interview: Namen von der Red. geändert. Die Frau brachte es haargenau, daß das nur ne Warnung gewesen sei und daß das noch nix gewesen sei, und wenn sowas nochmal passiert, nehmen wir ganz Kiel auseinander, und irgendwie kamen n paar Jugendrichter, und auch mein Jugendrichter und nochn paar Säcke zusammen, also Wichser vonner allerobersten Klasse, der Polizeipräsident, Staatsanwälte, Sozialpädagogen, die ganze Scheiße halt, und laberten was von Syndrom und Ursachen und blablabla, soziales Phänomen, Gewalt und so, die wollten uns auch dahaben. Da kommtn Anruf, und da war diese Reporterin dran, und sie erzählt: Ja, da kommen diese ganzen Tiere undn paar Bullen und so, und die wollen, ohne daß ihr verfolgt werdet, nur mit euch reden. Weil, Alter, sie haben das ernst genommen, was ich gelabert hab, daß wir ihre Stadt auseinandernehmen, sie haben das voll ernst genommen; und jetzt ein auf: wir müssen was dagegen machen. Ich sag zu der Reporterin: Hey, Mann, ich hab erzählt, was Sache is, es gibt nix zu reden. Sie habens geschrieben, was soll ich noch sagen. Sag denen, noch son Ding, und wir nehmen Kiel auseinander, fertig, aus. Was soll das, da hingehen und sagen: Ja, ich bin hier der Vertreter der Türken. Am nächsten Tag weckt mich meine Mutter: Steh auf, die Polizei is da! Und ich: Sag denen, ich bin nicht da. Wollt sie nicht, also ich aufgestanden. Hallo hallo, meine Mutter gleich Tee gemacht, und die Bullen: Ja erzähl mal, du bist doch auchn Türke, und wir haben spitzgekriegt, daß du bei dem Error-Ding dabei warst. Ich sag: Nee, ich verabscheue Gewalt. Ja hör mal auf, und wir finden das mit der türkischen Frau auch Scheiße und so. Sie haben mich genervt und genervt. Hört zu, hab ich gesagt, ich sag euch nur eins, ich war dabei, Alter, ich war dabei, ich war sogar der erste, der reingegangen is, was haltet ihr davon? Habt ihr ne Zeugenaussage? Zeigt meine Fotos rum, Mann, bei jedem einzelnen Opfer, wenn ihrs schafft, ne einzige Aussage zu kriegen, habt ihr mich, ich war dabei, aber ihr kriegt nix schriftlich von mir. Die zogen dann ab mit den Worten: Wir kriegen dich. Aber sie habens nicht geschafft, n paar haben sie drangekriegt, mich aber nicht, Alter.

III. Fragen nach der Identität – Fremd im eigenen Ich?

1. *Nelly Wacker: Geiseln jenes Krieges*

WIESO – zuerst erwünscht, nun aber – unerwünscht?
Warum sind wir, die NEMZY (= Stummen!) dort,
nun plötzlich hier, in Deutschland, – Russen?

Wir waren Deutsche unter vielen rußländischen Völkern
und blieben es – zweihundert abwegige Jahre lang.
Auch dann, als wir – erniedrigt, deportiert, verbannt –
vollständiger Vernichtung preisgegeben wurden …

Auch als noch 50 Jahre NACH dem großen Krieg
die Überlebenden zu Geiseln jenes Krieges zählten.
Wir wollen endlich Deutsche unter Deutschen sein!

Daß viele Kinder heut zu wahren »Stummen« wurden, –
dafür sind weder sie noch wir so hart zu strafen.
Es war nicht leicht, als Deutsche unter Russen
heranzuwachsen während jenes Krieges –
gegen Deutschland.

2. *Aras Ören: Zur Eigenen Vergangenheit die Tradition suchen*

Der Saft stieg schwer im Mark der alten Platane
bis in die Knospen der Zweigspitzen.
Da ist eine Hand, die das Mark auswringt,
das Holz zwischen Wurzeln und Knospen
fault schon, stirbt ab, zerbröckelt unter der Rinde.

Wenn es so weiter geht, wird der Baum
eines Tages laut krachend stürzen.
Wo bin ich auf meiner Odyssee?
Warum streichelt mich Itri nicht mit seinen Gesängen?

3. Aras Ören: Sonntägliche Ermahnung

Unsere Kinder werden uns sicher nicht zürnen,
höchstens werden sie sagen: ihr wart nicht selbstlos genug.
Es ist nicht die Zeit, alle Hoffnung fahren zu lassen.

Warum auch alle Hoffnung fahren lassen,
es ist so viel zu tun.
Hast du die Wände deiner Wohnung gestrichen?
Gieß auch die Blumen,
damit sie nicht vertrocknen.
Mit jedem Tag
werde ich dicker
und mehr weiße Haare wachsen mir auf dem Kopf.
Sieh mal, das ist unser Haus geworden,
das heißt: wir sind auch hier Zuhause.

Überleg mal, was alles zu tun ist,
erinnere dich an deine Kindheit,
an die Tage, wo du in den Fabriken
Lasten geschleppt hast,
sortier' mal diese Tage
in deiner Erinnerung.
Jeder für sich, mit seinem Leben,
mit seiner Entwicklung –
so schaffen wir eine Gemeinde,
zugegeben: unter Schwierigkeiten,
doch vom Meistern dieser Schwierigkeiten
hängt in der Zukunft unsere individuelle Freiheit ab.

Das Mädchen, mit einem Lachen
auf ihrem rosigen Gesicht,
soll ich zu ihren schwarzen Haaren
Nacht sagen,
zu ihren Lippen: Kirschblüte,
zu ihren Brauen: Halbmond,
zu ihrem Leib: Zypresse ...
Ach, meine Liebesgeschichten,
die immer noch weh tun,
sind sie vielleicht ein Lautenschlag,
aus Haremszeiten überliefert ...

Heute schaffen wir,
was in kommenden Zeiten
für unsere Kinder
Tradition sein wird.
Es ist nicht die Zeit, alle Hoffnung fahren zu lassen.

4. Ismet Elçi: Sinan ohne Land oder Memo, mein Vater
(Auszug)

Ich bin nicht *ich*. Ich bin meiner eigenen Person fremd. Bin quasi mein eigener Feind. In einem ungeheuren zerfetzenden Gefühl will ich mit meiner Hand das in meiner Brust schlagende Herz herausnehmen und zerstückeln. Ich beobachte, wie meine rechte Hand das unter dem Hemd, unter meiner Brusthaut, hinter meinen Rippen versteckte Herz greifen will. Ich spüre mit all meinen Wahrnehmungsorganen, wie sich meine Hand zur Vernichtung meines anderen Ichs in Bewegung setzt, das in der fernsten Ecke meines Herzens versteckt ist, von Zeit zu Zeit mich von meiner eigenen Person entfernen läßt

und mich in Wut und in das letzte Stadium des Verrücktwerdens bringt.
Als ich beobachte, wie meine Hand den ersten Schritt zum Mord gegen das in mir versteckte Ich tut, schaudere ich vor Angst. Ich ziehe meine Hand unwillkürlich zurück. Ich schaue sie an, als ob sie etwas Ekelhaftes, Schmutziges sei. Meine Hand widert mich an, die versuchte, das in mir versteckte Ich umzubringen.
Nein! Nein! Das war keine Empfindung einer Abscheu. Ich hatte Angst vor meiner Hand, die mit dem in mir versteckten Ich auch mich töten wollte. Eine Frage drängte sich mir auf: »Warum aber?« Im Grunde genommen wollte ich sowieso mit meiner gesamten Person sterben. Warum dann diese Angst? Vor wem, vor was, wußte ich nicht. Vielleicht irrten sich meine Gefühle, sodaß sie mich zu einem unbedachten Handeln veranlaßten.
Ich höre ein hallendes, haarsträubendes Lachen. Erschreckt fahre ich herum. Ich lache wie eine allwissende Person.
»Dieses Lachen ist doch meins«, erkenne ich. Und wieder kommt die Angst. Ich glaube, ich werde verrückt. Ich nehme wahr, daß ich in den Zeigefinger meiner linken Hand beiße. Schreiend ziehe ich ihn aus dem Mund. Ich sehe die Spuren meiner Zähne auf der Fingerspitze. Mein anderes Ich höhnt:
»Du bist verrückt. Du bist ja irre.«
»Ja, ja, ich bin verrückt«, gebe ich meinem anderen Ich zur Antwort.
Ich sehe mir meine Hände an. Sie sind ziemlich schön. Es sind lange schmale Finger mit gut geformten Nägeln.
Aber mein gesamter Körper verabscheut mich. Mit meinen Händen greife ich an meinen Kopf und reiße kräftig an meinen Haaren. Vor Schmerzen kommen mir die Tränen. Als ob ich auf eine vereiterte Wunde drücke, beginne ich zu schluchzen. Je mehr ich weine, desto mehr erinnere ich mich an meine Vergangenheit. Je mehr ich an meine

Vergangenheit denke, desto mehr weine ich. Ich will sterben. Aber die Erinnerung an meine Kindheit, an mein vergangenes Leben hindern mich, an Tod zu denken. Zu weinen und meine Kindheit wiederzuerleben, macht mir und meinem anderen Ich aber auch eine unbeschreibliche Freude. Ich denke an meine frühe Kindheit und damit an mein Dorf.

5. *Said: In Deutschland leben*
(Auszug)

heute, 24 jahre nach der islamischen revolution, sitze ich in meinem zweiten exil, in deutschland, und trachte – wie es auf jiddisch heißt –, auf welche weise ich fremd geworden bin. manchmal sitze ich mit iranischen freunden beisammen und mache einen witz, den schon die vierzigjährigen nicht verstehen, weil er auf etwas anspielt, das sie nicht mehr kennen. wenn besuch aus teheran kommt, stellt er fest, daß mein persisch korrekt ist und rein, aber altertümlich wie konserviert. ich gebrauche nie fremdwörter, wenn ich persisch spreche. in teheran ist das persische voller amerikanismen.
kennen sie die geschichte von rip van winkle, wie max frisch sie erzählt? ein mann aus dem amerikanischen süden fällt für jahre in einen zauberschlaf und verschläft den bürgerkrieg. eines tages wacht er auf und geht ins nächste dorf, um ein bier zu trinken. seine kleidung, seine sprache, die münzen, mit denen er bezahlen will, sind fremd.
einmal, 1979 in teheran, bin ich früh um fünf mit einem freund, der ein auto besaß, durch die stadt gefahren. alle viertel, in denen ich gewohnt habe, habe ich so besucht. mein geburtshaus war heruntergekommen, unbewohnt, und die fensterscheiben waren zerbrochen. ein anderes haus war mittlerweile in drei wohnungen aufgeteilt worden. man steht davor und weiß, daß man etwas verloren hat. über die schwelle tritt man nicht mehr.

ein jahr zuvor war ich durch die engen gassen roms gelaufen und hatte eine tür gefunden in einem blau, das ich aus teheran kannte. in palermo habe ich eine packung sonnenblumenkerne gekauft und bin spuckend durch die straßen geschlendert wie als vierzehnjähriger in teheran. und in piräus habe ich einmal einem straßenhändler mit einem handkarren einen maiskolben abgekauft. ich habe salz darauf gestreut, wie man es in teheran tut. am hafen von piräus stehend, habe ich so die heimat wiedergekäut.

erst lange nach meiner rückkehr aus dem teheran der islamischen revolution habe ich ein buch über meine mutter geschrieben. während der niederschrift habe ich begriffen, daß es im iran keinen platz mehr für mich gibt. bis dahin war mein leben in deutschland ein provisorium:
»denn bleiben ist nirgends«, schreibt rilke in den »duineser elegien«. nach dem buch über meine mutter jedoch machte sich in mir die gelassenheit des besiegten breit. heimat ist ein begriff des unbewußten. hätten sie mir 1964 in teheran gesagt, das ist deine heimat, hätte ich geantwortet, es ist doch nur eine stadt. aber bis heute zähle ich auf persisch. wenn ich krank bin, möchte ich persisch lesen. wenn ich müde bin, möchte ich persisch sprechen. doch die geschichte hat sich gegen mich entschieden. nicht weil ich wichtig wäre, sondern weil sich die geschichte oft gegen die menschen entscheidet.

im sommer 2002 hatte ich einen herzinfarkt. ich möchte nicht pathetisch klingen, aber ein herzinfarkt ist ein halber tod. es ist, als hätte der tod angeklopft und seine visitenkarte abgegeben. danach ändert sich das leben ganz. man wirft ballast ab, für die nächste reise, und will auch mit sich – mit seinem herzen – im reinen sein. ich habe siebzehn jahre im iran gelebt und beinahe vierzig in deutschland. ich schreibe deutsch. erst jetzt habe ich ei-

nen deutschen paß beantragt. als paul klee vor hitler in die schweiz floh, beantragte er einen schweizer paß. die schweizer bürokratie ließ sich reichlich zeit. die zusicherung für diesen paß traf etwa eine woche nach klees tod ein.
vielleicht will ich den tod herausfordern – mit einem neuen paß.

6. *Selim Özdogan: Die Wahrsagerin*

In Adana, der Stadt, in der ich geboren bin, haben viele der neueren Wohnungen mehr als nur einen Balkon, meistens zwei oder drei, weil die Sonne fast acht Monate im Jahr scheint und man es im Sommer drinnen kaum aushält. Die älteren Häuser haben nicht unbedingt Balkone, dafür aber manchmal Vorgärten und Veranden, früher war die Stadt noch nicht so zugebaut, und es gab draußen genug Platz. Damals wie heute ziehen es die etwas Reicheren sowieso vor, zumindest den August außerhalb der Stadt zu verbringen. Doch die Leute hier lieben die Sonne, am ersten schönen Frühlingswochenende packen sie ihre Sachen und gehen picknicken, sie grillen, kochen Tee und verbringen ihre Zeit auf den noch grünen Wiesen. Ich kenne keine andere Stadt, in der die Menschen geradezu danach gieren, mit ihren Tellern, Messern, Gabeln, Propangaskochern, Teekesseln, Spießen, Salatschüsseln und Obstschalen endlich im Freien zu sitzen.
In dieser Stadt bin ich zum ersten Mal zu einer Wahrsagerin gegangen, zu einer richtigen Wahrsagerin. Ich glaube an das Schicksal, ich glaube auch, daß man es beeinflussen kann, ich hatte mir schon oft aus der Hand lesen lassen oder aus dem Kaffeesatz, ich hatte mir die Karten legen lassen oder selber das I-Ging geworfen, aber ich war nie sonderlich beeindruckt gewesen von dem Ergebnis, manches traf ein, manches eben nicht, und ich stand diesen

Menschen, die sich als Wahrsager ausgaben, sehr skeptisch gegenüber.
Das einzige, was mich immer wieder faszinierte, waren die vielfältigen Möglichkeiten, diesen Beruf auszuüben. Ich wünschte, ich könnte wenigstens vorgeben hellzusehen, sooft ich in fremden Ländern ohne Geld dasaß, ohne Job, ohne Aussicht. Handlesen für Dollars, Kartenlegen für Dinar, in die Glaskugel blicken für Peseten, in Touristenzentren finden sich immer genug Kunden.
Eines Tages erzählte meine Cousine mir von dieser Frau, die Tarotkarten legt.
– Als ich das erste Mal da war, habe ich mich so erkannt gefühlt, so durchschaut, es war eine schlechte Zeit für mich damals und ein unangenehmes Gefühl, es war, als würde sie mich mit kochendem Wasser überschütten, sagte sie.
Es reicht weit weniger, um meine Neugier zu wecken, und so gingen wir am nächsten Tag hin. Meine Cousine sagte, ich solle vorher meinen Namen und meine Fragen auf einen Zettel schreiben und ihn zusammenfalten und auch ihr nichts verraten, damit mir nicht hinterher Zweifel kämen. Sie erzählte mir auch, daß die Wahrsagerin ungefähr in meinem Alter sei und fünf Schwestern habe, von denen noch zwei die Zukunft voraussagen können, sie hatten es alle von ihrer Mutter gelernt und die wiederum von einer Zigeunerin.
Als wir kamen, saß die Mutter im Schneidersitz auf einem Diwan, ein Gläschen Tee in der Hand, sie mochte um die Fünfzig sein und war in dunklen Farben gekleidet, goldene Ohrringe und Armreife, doch die trugen hier viele. Ich erwiderte ihren Gruß, sie saß aufrecht und würdevoll da, es erinnerte mich an die Mafiabosse aus den Filmen. Sie unterhielt sich ein wenig mit meiner Cousine, während ihre Tochter im Nebenzimmer gerade noch jemand anders die Zukunft voraussagte. Ich saß da und war aufgeregt.
Nach kurzer Zeit schaute eine Frau ins Zimmer und ver-

abschiedete sich, nach ihr kam die Wahrsagerin, ich konnte nichts Außergewöhnliches an ihr entdecken, sie trug gemusterte Hosen und eine Strickjacke, hatte ein paar Ringe an den Fingern, zwei oder drei Armreife und ein freundliches, offenes Gesicht mit dunklen, tiefliegenden Augen. Wir gaben uns die Hand, dann gingen wir rüber, sie setzte sich an das eine Ende eines Diwans, ich mich an das andere. Sonst waren nur noch ein Schrank und ein weiterer Diwan im Zimmer.

Sie fragte mich nach meinem Zettel, ich gab ihn ihr, sie hielt ihn mit einer Pinzette fest und zündete ihn dann mit einem Einwegfeuerzeug an, ohne ihn weiter beachtet zu haben. Die Asche ließ sie in ein Teeglas mit Wasser fallen, auf das sie ihre Hand legte und ein wenig schüttelte. Danach nahm sie die Karten, die vor ihr lagen, und fing an, sie zu mischen. Ich erkannte die Motive, Rider Waite Tarot, die deutsche Version, die hatte ich auch zu Hause.

Dann deckte sie eine Karte nach der anderen auf, fünf oder sechs in einer Reihe, als sie die zweite Reihe legte, fing sie an zu reden.

– In deinem Vornamen haben wir die Buchstaben I, M, E, K, Kerim, ich lege die Karten für deine Zukunft, Kerim.

Ich war erstaunt, nicht, weil sie meinen Namen gewußt hatte, den konnte sie irgendwoher haben, sondern weil sie sich noch nicht mal den Anschein gab, sich sehr konzentrieren zu müssen, sie sprach vielmehr schnell, ohne zu stocken, den Blick auf die Karten gerichtet, fast ohne jegliche Anteilnahme, und manchmal hatte ich Mühe zu folgen.

– Du hast zwei Fragen gestellt, die eine betrifft ein Projekt, eine Art Arbeit, etwas Berufliches, das dich im Moment sehr beschäftigt. Du erzählst es keinem, aber du bist innerlich aufgewühlt und mußt ständig daran denken, du quälst dich. Da ist eine kleine Frau, die dir eine Hilfe sein wird, und du wirst diese Arbeit erfolgreich abschließen.

Ich hatte noch niemanden erzählt, daß ich vorhatte, an einem der kommenden Tage einen neuen Roman anzufangen, niemand konnte wissen, wie sehr ich in letzter Zeit daran zweifelte, ob ich fähig sein würde, noch mal einen Roman zu schreiben, wie oft ich mir überlegte, ob ich nicht doch versuchen sollte, einen anderen Weg im Leben zu finden.
– Und du bist auf der Suche nach einer Wohnung, es gestaltet sich außerordentlich schwer, stimmts?
– Hmm.
Sie deckte noch ein paar Karten auf.
– Du wirst im achten Monat im Zusammenhang damit eine große Freude erleben. Hier ist eine Frau in deinem Leben, ihr gehört verschiedenen Religionen an, im Moment seid ihr getrennt, doch es ist keine schmerzhafte Trennung, ich sehe hier einen weiten Weg, ihr werdet wieder beisammen sein, aber es zeigt sich hier keine Heirat.
Wir waren beide nicht im eigentlichen Sinne religiös, aber was sie sagte, traf zu.
– Und hier ist noch eine Frau, mit der du blutsverwandt bist, eine sehr nahe Verwandtschaft. Hast du eine Schwester?
– Ja.
– Sie hat immer wieder ein Problem mit ihrer Gesundheit, das nicht vergeht, aber es ist nicht allzu ernst. Sie wird dir viele Sorgen bereiten.
Meine Schwester war Asthmatikerin, doch ich konnte mir nicht vorstellen, wieso sie mir Sorgen bereiten sollte, wir kamen sehr gut miteinander aus.
– Außerdem sehe ich hier noch einen Weg für dich, viele Leute sind gekommen, um dir zuzuhören, du bist sehr glücklich deswegen.
In vierzehn Tagen hatte ich eine Lesung in Dresden, und es freute mich, daß wohl mehr als drei Zuhörer erscheinen würden.
– Noch Fragen?

– Was genau ist mit diesem Projekt?
Sie hatte nur noch wenige Karten in der Hand und deckte vier oder fünf zugleich auf.
– Es wird dich eine Menge Mühe kosten, aber es gelingt am Ende, mehr steht hier nicht. Sonst?
Ich zuckte mit den Schultern, mir fiel nichts ein, ich hatte gehört, was ich wissen wollte, und es ärgerte mich, daß das Schicksal wohl vorhatte, mich noch fünf weitere Monate eine Wohnung suchen zu lassen.
– Ein allgemeiner Blick in die Zukunft?
Ich nickte, und sie deckte die restlichen Karten auf.
– Oh, deine Zukunft sieht sehr gut aus, sowohl finanziell als auch seelisch, aber du kommst immer nur in kleinen Schritten vorwärts.
Ich bedankte mich, zahlte, wir verabschiedeten uns, und ich ging mit meiner Cousine die Treppen runter, ich war nicht fähig, mich auf einen einzelnen Gedanken zu konzentrieren, ich versuchte mir noch mal alles durch den Kopf gehen zu lassen, was sie gesagt hatte, doch hatte ich wohl schon vieles in meiner Aufregung vergessen. Ich war erleichtert, und ich war einige Minuten lang glücklich, ich brauchte mich nicht zu quälen. Wenn es nur galt drauflos-zugehen, dann war ich der Mann dazu, man mußte nur frohen Mutes sein.
Diese Frau wußte nichts von mir, nicht, woher ich kam, was ich tat, was mein Herz erfreute und was mich traurig stimmte, doch hatte sie mit allem richtig gelegen, sie war eine Seherin. Zumindest hatte sie die Gegenwart so gut erkannt, daß ich ihr auch in bezug auf die Zukunft vertraute.
Später stellte ich mir natürlich viele Fragen. Wie kann man aus Tarotkarten Buchstaben lesen? Ist es vielleicht doch nur Menschenkenntnis und Intuition? War, was sie gesagt hatte, nicht sehr allgemein und ich in meiner Art, alles gleich auf mich zu beziehen, ein willkommenes Opfer? Doch woher konnte sie von der Frau in meinem Leben

wissen, daß gerade fast dreitausend Kilometer zwischen uns lagen und daß ich bald zurückfliegen würde?
Und wenn es stimmte, wenn sie wirklich wahrsagen konnte, was war das wohl für ein Gefühl, jeden Tag so auf den Grund von Menschen schauen zu können. Und was war das für ein Leben, in dem schon alles geschrieben stand.
– Legt sie sich auch selbst die Karten? fragte ich meine Cousine.
– Ja, jeden Tag.
– Aber dann weiß sie ja ...
– Sie hat es mir so erklärt: Sie war mal verlobt, hat die Verlobung aber wieder gelöst, das dürfte ihr eigentlich nicht passieren, nicht war? Die Karten hatten gesagt, er sei ein guter Mann, ein aufrechter, ehrlicher Mensch, liebevoll, fürsorgend und eifersüchtig. Niemand ist ohne Fehler, hat sie sich gedacht, und wer ist schon nicht eifersüchtig. Doch dann stellte sich heraus, daß es bei ihm krankhaft war, er hätte sie am liebsten noch nicht mal alleine auf die Straße gelassen. Die Karten können ja nicht den Grad der Eifersucht anzeigen, hat sie gesagt. Das Schicksal zeichnet vielleicht den Weg, aber gehen mußt du selbst.
Ein Jahr später war ich wieder in Adana, in der Zwischenzeit hatte ich öfter den Wunsch verspürt, zur Wahrsagerin zu gehen, mich beruhigen zu lassen, nachzufragen, wie es weitergehen würde, wann die bösen Dinge ein Ende nähmen, doch da war die Entfernung.
Ich hatte den Roman beendet, aber ich war mir nicht sicher, ob er was taugte. Bisher hatte ihn nur meine Schwester gelesen, aber die hatte nicht viel damit anzufangen gewußt. Ich sehe einfach nicht, wohin du willst, hatte sie gesagt. Meine Schwester, sie hatte ihren Job verloren, ihr Mann hatte sie verlassen, sie hatte angefangen schwer zu trinken, drei oder vier Monate lang hatte ich kaum noch geglaubt, daß sie sich jemals wieder fangen würde. Wochenlang rief ich jeden Tag an und schlug ihr vor, zusam-

men etwas zu unternehmen, doch sie trank lieber, sie trank, fand nicht die Kraft aufzuhören und ekelte sich vor sich selbst. Ich hatte ihr Briefe geschrieben, sie gebeten, angefleht, ihr weh getan, ich hatte alles versucht, manchmal hatte ich mir gewünscht, sie möge weit weg wohnen, damit ich seltener an sie dachte, und mich dafür geschämt. Ende Januar hatte sie mit dem Trinken aufgehört, aber sie hatte immer noch keine Arbeit.

Auch ich hatte in letzter Zeit kaum etwas verdient, meine Vorschläge für Artikel wurden abgelehnt, der Laden, in dem ich nebenbei gearbeitet hatte, war pleite gegangen, ich wußte mal wieder nicht, ob ich nicht doch das Schreiben aufgeben sollte, dieser Roman hatte mich eine Menge Leben gekostet, ich fühlte mich müde, und eine Wohnung hatte ich auch nicht gefunden, was vielleicht auch an mir lag, denn im August hatte ich es vorgezogen, mit der Frau in meinem Leben wegzufahren, den ganzen Monat in einem Häuschen am Meer zu verbringen und mich in Ruhe ihr und dem Roman zu widmen. Das Schicksal stand vielleicht auch nur mit Bleistift geschrieben.

Die Mutter der Wahrsagerin saß im Schneidersitz auf dem Diwan und trank Tee, als hätte sie seit dem letzten Mal nichts anderes getan, außer vielleicht noch ein paar Armreife gekauft. Die Wahrsagerin war nicht da, zumindest nicht die vom letzten Mal, aber ihre jüngere Schwester sei keinen Deut schlechter, versicherte mir meine Cousine.

Die beiden Schwestern sahen sich sehr ähnlich, diese hier mochte allerdings drei oder vier Jahre jünger sein. Es folgte diesselbe Prozedur wie beim letzten Mal, sie wußte meinen Vornamen und sagte dann:

– Kerim, du hast in letzter Zeit ein wenig Pech gehabt, die Sachen, die du angefangen hast, sind oft nicht zu einem Ende gekommen, aber dein Stern steht hoch, du hast große Chancen. Ich sehe hier etwas, das sich verselbständigt, eine Art Ruhm, etwas, wo du den Anfang gemacht hast, und der Rest ergibt sich einfach.

Ich dachte daran, daß mein Kurzgeschichtenband bald auf den Markt kam. Es ging mir nicht um Ruhm, aber er brachte einige Dinge mit sich, die mir wichtig waren.
Sie erzählte weiter, ich hätte Absicht, umzuziehen, es würde sich aber vorerst nicht verwirklichen lassen. Eine Person, die mit mir blutsverwandt war und mir viele Sorgen bereitet hatte, würde ihre Probleme lösen, wenn auch mit einer gewissen Verzögerung, man durfte nicht ungeduldig sein. Da war eine Frau, die mich bei meiner Arbeit unterstützte und da war eine Frau in meinem Leben, die einer anderen Religion angehörte, wir hatten gute und schlechte Tage miteinander. Ich würde bald zwei größere Summen erhalten, ich würde eine Reise zu einer Insel unternehmen.
Und sie sagte weiter, daß auf jemandem, der mir sehr nahe steht, ein böser Fluch lastete. Außerdem würde ich eine Frau kennenlernen, die entweder geschieden war oder eine Verlobung gelöst hatte, es stünde geschrieben, aber sie könne keinen Zeitpunkt nennen. Eine Frau, die einen selbständigen Beruf ausübte. Da war die Möglichkeit einer Heirat in diesem Jahr, aber Genaueres konnte sie den Karten nicht entnehmen.
Später saß ich lange Zeit alleine auf dem großen Balkon meiner Cousine und starrte über die Dächer.

7. Zsuzsanna Gahse: Essig und Öl
(Auszug)

Eine Nichtperson richtet sich in Wien ein. Unpersönlich. Unpersönlich richtet sich jemand in Wien ein, und Wien schaut zu, stumm, schaut, starrt in den Himmel, Wien starrt stumm nach oben. Und jemand oder nichtjemand richtet sich ein.

Nichtjemand. Nichtjemand richtet sich ein. Wer ist Nichtjemand. Nichtjemand ist nicht einmal jemand. Nicht einmal jemand in Wien. Nicht einmal jemand hier richtet sich ein, ein. Nichtjemand, nicht einmal jemand ist angekommen oder nicht angekommen, versucht anzukommen, versucht immer anzukommen, und er ist nicht einmal sicher, daß er das schafft. Anzukommen. Nichtjemand schaut sich um und versucht anzukommen, richtet sich zunächst ein, ein (kommt oft vor), richtet sich, richtet sich nach Wien und ein, wendet sich, richtet sich wie ein Wetterhahn. Nichtjemand ist kein Wetterhahn, sondern Nichtjemand muß sich in diesem Vergleich einem Wetterhahn vergleichbar drehen, um eine klare Richtung zu bekommen. Das aber war jetzt zu viel auf einmal. Wien und Nichtjemand.

Wien

Stahl

Nichtjemand kommt.

Und Essig und Öl

Jeder kann Essig und Öl kaufen.

Vergeblich einkaufen.

Aufessen, austrinken.

Auf, hebe die Schale

gefüllt mit Wein

und lasse beim Freudenmahle

mich glücklich sein.

Dann sinke nieder.

8. Feridun Zaimoglu: Gottesanrufung I

Er hatte mich in das Kreuzberger Café bestellt und eine Geschichte versprochen, die ich in den Grenzen der Schicklichkeit verwerten könne. Sein Anruf kam ungelegen, ich wollte an meinem freien Tag einfach nur zu Hause sitzen und Videofilme ansehen. Doch er ließ sich nicht auf später vertrösten. Seine Cousine, soviel wollte er mir schon verraten, war von einem anständigen Jungen »sehr angetan«, sie konnte jedoch als gläubige Muslimin keine normale Liebesbeziehung eingehen. Das heilige Buch gebietet Enthaltsamkeit für Jungfrauen und Junggesellen. Ich sagte ihm auf den Kopf zu, daß ich noch nie etwas von männlichen Liebeskupplern gehört hätte. Es war ihm ernst, und ich mochte seine Bitte nicht abschlagen, wir verabredeten uns für den frühen Nachmittag in einem Kaffeehaus, das von arrivierten Jungtürken frequentiert wird. Sie führen ihre Freundinnen aus und verhalten sich wie frisch graduierte Bildungsbürger, die gelernt haben, daß man sprechenden Frauen nicht auf die Lippen, aber in die Augen schaut. In dieser Enklave der guten Umgangsformen finden sich aber auch deutsche Pärchen ein. Die Deutschen entspannen sich in fremden Milieus bemerkenswert schnell, und es wird mir immer ein Rätsel bleiben, wieso der Anblick von banalem kalten Hirtensalat sie in eine derart gute Laune versetzen kann.
Ich bin vor der Zeit gekommen und sitze ohne große Empfindungen auf meinem Platz. Die Kellnerinnen laufen in weißen Schürzen von einem Tisch zum anderen, sie lassen sich gern in einen Plausch verwickeln. Eine besonders schöne Frau an einem Fensterplatz zieht ihren Lidstrich nach, unsere Blicke treffen sich, und sie lacht sich von mir los und nippt an ihrem Tee, in den sie einen Zuckerwürfel hat fallen lassen. Vielleicht, denke ich, werde ich im Laufe dieses Tages gute Laune bekommen, und aus Übermut klaube ich eine Münze aus meiner Hosentasche und ba-

lanciere sie auf meinem Zeigefinger. Als ich aufschaue, steht Osman vor mir, er besitzt die Gabe, sich lautlos anzuschleichen oder ganz plötzlich zu verschwinden. Wir begrüßen uns auf althergebrachte Weise, wir besiegeln den Handschlag mit einer kurzen Umarmung. Ich will wissen, was seine Geschäfte machen und ob er seinen Frieden mit den Angestellten in seiner Videothek gemacht habe. Die Einnahmen seien lausig, türkische Filme würden nicht mehr ausgeliehen, und die Clubmitgliedschaft in einem der großen Videoverleihläden sei um einiges attraktiver. Im Gegenzug fragt er mich nach den Verkaufszahlen meiner Bücher, ich verspreche, den Verlagsbetrieb davon zu überzeugen, daß man Osman einen Stapel zukommen läßt. Er hält es für eine zündende Geschäftsidee, meine Bücher neben der Kasse zu plazieren – bestimmt würden sie besser weggehen als in einer Buchhandlung. Als ein Hund an seinem Hosenbein schnüffeln will, gibt er ihm einen Tritt in die Flanke und achtet nicht weiter auf den bösen Blick der Besitzerin.

Das sind unreine Tiere. Wo sie hausen, ist den Engeln der Eintritt verwehrt.

Ich glaube nicht, daß die Engel sich von Promenadenmischungen aufhalten lassen, sage ich.

Unser Prophet, Friede sei mit ihm, leitet uns an, die Gegenwart von Hunden zu meiden, sagt Osman. Wenn sich ein Köter an dir reibt, mußt du die rituelle Waschung für die Gottesanbetung noch einmal vornehmen. Ein Hund ist ein Flohbeutel und steckt dich mit Krankheiten an.

Du lebst im falschen Land, Osman.

Den Eindruck habe ich auch, sagt er.

Langsam füllt sich das Café mit jungen Pärchen, es ist die sogenannte Stunde des Liebesschwurs. Es heißt, der Mann solle nach der Schattenfarbe der Abenddämmerung gehen: wenn sich ein weißer Faden von einem schwarzen nur mit Mühe scheiden lasse, seien die Frauenherzen für Anrufungen besonders empfänglich. Beim Anblick der abtrünnigen Orientalen überkommt mich für einen Moment das Gefühl, es werde ein schlimmes Ende mit uns allen nehmen. Vielleicht bin ich einfach nur verstimmt über diesen störrischen Feierabendgläubigen, der mir gegenübersitzt und glaubt, Hunde gehörten aus Gründen der Hygiene gesteinigt.

Also, deine Cousine hat sich verliebt, und ich freue mich für sie. Was verlangt sie aber von mir?

Du sollst über die rechte Wahl der Worte räsonieren und einen Brief an diesen Jungen aufsetzen. Sie möchte, daß der Junge versteht, wie es um ihre Liebe steht. Der Brief darf ihn natürlich nicht ermutigen, sich gewisse Freiheiten zu nehmen. Diese Art von Liebe würde unter einem Unstern stehen.

Was soll das heißen?

Kein Sex. Keine körperliche Annäherung. Meine Cousine legt Wert darauf, daß du dem Jungen eine wichtige Regel klarmachst: Sie ist unberührbar, bis sie auf den richtigen Mann trifft.

Er ist also nicht unbedingt ihre große Liebe.

Nein, ich denke nicht.

Wieso ist deine Cousine nicht selber erschienen und hat dich vorgeschickt?

Sie ist kein schamloses Mädchen!

Das habe ich auch nicht behauptet, sage ich schnell, aber du mußt zugeben, daß wir uns in einer komischen Situation befinden. Zwei Männer stecken die Köpfe zusammen, um einem dritten Mann – der Liebhaber, der keiner sein darf – eine Mitteilung über die platonische Liebe einer Frau zu machen. Das nennt man Gruppenbild ohne Dame.

Meine Cousine ist eben ein anständiges Mädchen.

Ist in Ordnung, sage ich. Es würde mir nicht einfallen, das in Zweifel zu ziehen. Deine Cousine hätte doch auch einer Freundin die Rolle der Liebesbotin antragen können.

Die Zeiten ändern sich, sagt Osman. Die Frauen klatschen

gerne, und das Gerücht macht schnell die Runde. Sie setzt großes Vertrauen in mich – und auch in dich, mein Freund!

Ich werde das Beichtgeheimnis hüten, sage ich.

Am liebsten würde ich es hinausschreien, ich möchte mich nicht für eine Frau verwenden, die ich, wenn mich nicht alles täuscht, nur ein einziges Mal zu Gesicht bekommen habe. Osman hatte mich zum Opferfest nach Hause eingeladen, seine Eltern, beide Analphabeten, sollten einen echten Schriftsteller kennenlernen und bitteschön aus meinem Munde erfahren, daß man nicht nur als Kfz-Mechaniker-Meister oder Fließbandarbeiter gutes Geld verdiente. Die Wohnung war voll mit Verwandten beider Elternteile, die Kinder tollten herum und wurden halbherzig zur Ordnung gerufen. Zur Begrüßung gab ich Osmans Cousine die Hand, sie schlug die Augen nieder, und ich kam mir vor wie Dreck. Unter strenggläubigen Moslems ist es nicht üblich, Frauen die Grußhand entgegenzustrecken. Sie hatte mir erklärt, daß das animalische Wesen des Mannes sehr reizbar sei, daher habe sie auch nach einem sündigen Leben den Schleier angelegt und einen bedingten Triebverzicht akzeptiert. Sie konvertierte zur Orthodoxie, weil sie vom Hurendekor loskommen und die Gotteszeichen entziffern wollte. Es hörte sich jedenfalls sehr poetisch an, damals, ich prägte mir ihre Worte genau ein, und da sie auf offene Ohren stieß, erzählte sie, daß sie sogar eine Wallfahrt zu einem heiligen Mann unternommen und an dessen Grabstele einen Fetzen Stoff mehrfach geknotet habe. Weil die Seele des in Sünde verstrickten Menschen wie ein Hundemaul stinke, weil es auch ihr nicht anders gegangen sei, habe sie einen radikalen Schnitt gemacht: weg vom Fleisch, hin zu Gott.

Willst du uns jetzt den Gefallen tun? sagte Osman, ich möchte eigentlich ungern zur Eile antreiben.

Was kannst du mir über den Jungen sagen?

Er wohnt in derselben Straße wie meine Cousine. Er will

hoch hinaus, er studiert Betriebswirtschaft und hält auch die Regelstudienzeit ein …
Ein Streber also, sage ich.
Nicht unbedingt. Er hat eben keine Lust, in die Fußstapfen seines Vaters zu treten. Oder findest du es besonders fortschrittlich, dich in einer verdammten Montagehalle kaputtzumachen?
Da ist was Wahres dran. Wie haben sich die beiden kennengelernt?
Gar nicht. Sie haben vielleicht vielsagende Blicke ausgetauscht. Meine Cousine ist sich sicher, daß auch er entbrannt ist. Er wird rot, wenn ihn Frauen ansprechen.
Ach, du meine Güte.
Außerdem hat er zur Zeit keine Freundin, ich habe mich schon erkundigt.
Osman, du weißt, ich halte schüchterne Studenten für Spießer. Deine Cousine in allen Ehren, aber kann sie sich, sagen wir einmal, nicht einen reiferen Mann aussuchen?
Sie schwört auf die Romantik …
Na, wir doch auch, sage ich.
Sie hat sich aber nun mal in diesen Anfänger verknallt. Sie sagt, der Mann darf seine Jungfräulichkeit nicht bei dem erstbesten Luder verlieren. Die Konkubinen leben in Schande, ob Mann oder Frau, das ist egal.
Sie ist aber sehr schnell zur Hand mit dem Vorwurf, dieser oder jener Mensch sei lasterhaft, sage ich.
Die Geschichte nimmt eine unangenehme Wendung, was soll der ganze Unsinn. Ich wünschte, Osmans Cousine säße mir gegenüber und ich könnte ihr ins Gesicht schreien, daß sie als bigotte Jungfer eher in Dämonenspeichel badete, als den Geboten des Herrn zu folgen. Diese Sprache würde sie verstehen und im Geiste ihren Sündenkatalog durchgehen, um mich vielleicht einen Unentschiedenen zwischen Gut und Böse zu schimpfen.
Wie wär's denn damit: Deine Blicke gingen mir durch Mark und Bein. Ich weiß, du liebst mich, und ich hege für

dich ähnliche Gefühle. Wir wollen uns treffen und ansehen, doch mehr kann ich auch für später nicht versprechen …
Das geht nicht, sagt Osman. Es müssen Worte sein, die ihn sofort verhexen. Außerdem muß der Brief mehr Harmonien enthalten.
Harmonien? Wir stellen dem armen Kerl eine Falle! Sie verlangt von ihm, daß er sich in das Schicksal eines Haremeunuchen freudig fügen soll. Ich glaube, deine Cousine möchte einfach angeschmachtet werden, sie hat zu viele Groschenhefte gelesen.
Du magst sie nicht besonders, oder?
Osman, Hand aufs Herz. Wie würdest du reagieren, wenn du einen solch frommen Antrag bekämest? Eine Liebe mit Spielregeln, zwei unberührbare Körper, die einander Gedichte aufsagen, aber verschlüsselt sprechen, damit auch ja kein sündiger Gedanke aufkommt. Was würdest du machen?
Ich würde durchdrehen. Das habe ich ihr aber auch gesagt.
Und?
Sie meinte, ich würde nicht in ihrem Körper stecken, und nicht die Frauen, sondern die Männer müßten gezähmt werden. Sie sagte: Ich will mich an den Männern rächen, daß ich meine Haare verstecken muß und keinen auffälligen Nagellack auftragen kann.
Der Junge kann doch nichts dafür. So wie du ihn mir beschrieben hast, wird er keine Einwände haben, wenn sie barhäuptig herumläuft.
Es ist aber nun mal so verfügt worden. Sie befürchtet, daß die Ehrbaren ihr die Achtung versagen, wenn sie den Schleier wieder ablegt. Ihre Ungunst kann töten.
Ich schreibe gern Liebesbriefe. Oder Bittbriefe an die deutschen Behörden. Aber beides in einem Federstrich, das ist mir unmöglich.
Osman verschränkt die Hände auf dem Tisch und scheint über meine Worte nachzudenken. Schließlich ringt er sich zu einer Entscheidung durch.

Ich werde meiner Cousine von dir ausrichten, daß du die Informationen aus erster Hand haben möchtest. Wenn sie weiter auf diesem komischen Brief besteht, kommen wir wieder zu dritt zusammen. Vielleicht treffen wir uns das nächste Mal bei mir, das ist ein neutrales Gelände, und ihr Vater kommt nicht auf falsche Gedanken.
Soll mir recht sein, sage ich.
Bestimmt hat sie sich dann entliebt, sagt Osman, oder es ist ihr klargeworden, daß sie ihn auch gleich persönlich ansprechen sollte.
Und was ist, wenn es für den Jungen kein Zurück mehr gibt?
Dann hat er eben Pech gehabt, sagt Osman, Pech macht reif, und seine nächste Freundin wird davon profitieren. Später kann er sich damit brüsten, daß eine Frau, die vor die Wahl gestellt wurde, sich für Gott oder die Liebe zu entscheiden, ihm den Laufpaß gab. Damit wird er bei den Frauen punkten und das Pech in Glück verwandeln. Eigentlich ist er in einer beneidenswerten Situation.

9. *Yoko Tawada: Eine leere Flasche*

Unsere Wohnung in Tokyo, die sich in einer Siedlung befand, trug die Nummer zwei-sechs-zwei-null-drei. In dieser Siedlung gab es viele Mädchen in meinem Alter. Eines dieser Mädchen fiel mir besonders auf, weil es sich wie ein Junge als »boku« bezeichnete. Wir gingen zusammen zur Grundschule. Die meisten Mädchen in dem Alter bezeichneten sich als »atashi«, einige frühreife Mädchen dagegen schon als »watashi«, ein Mädchen aus einer vornehmen Familie benutzte das Wort »atakushi«, dieses Wort roch nach Zypressenholz. Die meisten Jungen nannten sich »boku«, einige freche oder stolze Jungen dagegen »ore«. Es gab natürlich keinen Jungen in dem Alter, der sich schon als »watashi« oder »watakushi« bezeichnet hätte. Das hätte lächerlich geklungen, dafür mußten sie noch viel älter werden.

Ich hatte Schwierigkeiten mit all diesen Wörtern, die »ich« bedeuten. Ich fühlte mich weder wie ein Mädchen noch wie ein Junge. Als Erwachsene kann man sich in das geschlechtsneutrale Wort »watashi« flüchten, aber bis man so weit ist, ist man gezwungen, ein Junge oder ein Mädchen zu sein. Wie einfach wäre meine Kindheit gewesen, wenn ich eine andere Sprache – zum Beispiel Deutsch – gesprochen hätte. Ich hätte dann einfach immer »ich« sagen können. Man muß sich weder weiblich noch männlich fühlen, um das Wort »ich« zu verwenden.

In der Kindheit vermied ich es, die Worte, die es im Japanischen für »ich« gibt, zu benutzen. Wenn ich betonen wollte, daß ein Wunsch mein Wunsch war, benutzte ich das Wort »diesseits«: »Was diesseits betrifft, ist es gut, wenn wir morgen in den Zoo gehen. Was meine Schwester betrifft, ist es nicht besonders günstig, aber machbar. Also gehen wir morgen in den Zoo.« Ich fühlte mich wie ein Ufer, und auf der gegenüberliegenden Seite des Flusses sah ich meine Gesprächspartnerin. Zwischen uns lag ein Fluß. Das Wasser war tief und unruhig, aber wenn man wollte, konnte man den Fluß überqueren.

Der Raum zwischen den deutschen Worten »ich« und »du« hingegen bleibt abstrakt, man kann ihn nicht durchqueren.

Das Mädchen, das das Wort »boku« benutzte, beherrschte einige beneidenswerte Künste und wurde deshalb von den anderen Kindern respektiert: es konnte mit seiner Zunge eine Löffelform bilden, vom Balkon des ersten Stockes hinunterspringen, giftig-bunte Würmer und Spinnen mit nackten Händen anfassen, Grasflöten blasen und auch noch Klavier spielen. Eines Tages fragte ich das Mädchen direkt, warum sie »boku« sagte. Das Mädchen antwortete einfach: »Weil ich meistens das Gefühl habe, daß ich ein boku bin. Ehrlich gesagt gibt es ab und zu Momente, in denen ich mich wie ein Mädchen fühle, aber das ist selten.«

Man spricht im Wetterbericht von der sogenannten gefühlten Temperatur: je nachdem, wie stark der Wind weht oder wie feucht die Luft ist, empfindet man ein und dieselbe Temperatur höher oder niedriger. Genauso gibt es wahrscheinlich ein gefühltes Geschlecht. An einem windigen Tag am Pazifik fühlte ich mich männlicher als sonst, an einem schwülen Augusttag hingegen war ich eindeutig ein Mädchen.

»Ißt du nie Eis mit Obst?« fragte ich das Mädchen. »Doch, doch«, antwortete es und grinste. »Dann bist du doch ein Mädchen!«, erwiderte ich. Der große Eisbecher mit bunten Obstschnitten galt damals noch ausschließlich als eine Speise für Mädchen und Frauen. Ein Junge oder ein Mann mußten so etwas heimlich essen und sich dabei schämen.

Das Mädchen, das sich »boku« nannte, hatte Schuhe für Jungen an, und auf seinen Bleistiften befanden sich männliche Comicfiguren. Der Schulranzen war zwar rot wie bei den anderen Mädchen, aber der Regenschirm war blau und trug das Bild eines Roboters, er war also männlich. »Hast Du zu Hause Mädchenstäbchen oder Jungenstäbchen?«, fragte ich das Mädchen. Es zuckte mit den Schultern und verriet mir, daß es Stäbchen mit Obakyu habe. Die Comicfigur »Obakyu« war – wie der heutige »Pokemon« – für Jungen und für Mädchen gedacht.

Anders als dieses Mädchen, das sich »boku« nannte, konnte ich mich nicht als »boku« fühlen. Die Jungen waren mir fremd, ich spielte nur mit Mädchen, ohne mich aber selbst als Mädchen zu fühlen.

Als ich später studierte, sagte mir ein Freund, daß er sich eigentlich immer als »boku« bezeichne und daher sich in einen Mann, der das Wort »ore« benutzt, verlieben könne, ohne homosexuelle Fähigkeiten zu besitzen. Die Männer,

die sich als »ore« bezeichneten, schienen ihm die Eigenschaften zu besitzen, die er selber nicht besaß und die ihn deshalb faszinierten. Er konnte nicht erklären, welche Eigenschaften das waren. Ein »boku« habe in dieser Gesellschaft einen anderen Ort als ein »ore«, sagte er, »deshalb verhalten sie sich anders.« Als er mir das sagte, wurde mir bewußt, daß die »ore«-Männer auf mich körperlich anders wirkten als die »boku«-Männer. Es gebe unter den Erwachsenen also mindestens vier Geschlechter, sagte ich zu ihm, »ore«, »boku«, »atashi« und »watashi«.
Das Mädchen, das sich »boku« nannte, verlor ich irgendwann aus den Augen. Das Problem der Selbstbezeichnung verlor ich auch aus den Augen. Denn ich zog nach Europa und fand das Wort »ich«, bei dem man sich keine solchen Gedanken mehr machen mußte. Ein Ich muß kein bestimmtes Geschlecht haben, kein Alter, keinen Status, keine Geschichte, keine Haltung, keinen Charakter. Jeder kann sich einfach »ich« nennen. Dieses Wort besteht nur aus dem, was ich spreche, oder genauer gesagt aus der Tatsache, daß ich überhaupt spreche. Das Wort zeigt nur auf den Sprecher, ohne eine weitere Information über ihn hinzuzufügen. »Ich« wurde zu meinem Lieblingswort. So leicht und leer wie dieses Wort wollte ich mich fühlen. Ich wollte sprechen, das heißt, durch meine Stimme Schwingungen in die Luft bringen, ohne mich entscheiden zu müssen, welchem Geschlecht ich angehöre.
Mir gefällt außerdem, daß ein Ich mit einem »I« beginnt, ein einfacher Strich, wie der Ansatz eines Pinselstriches, der das Papier betastet und gleichzeitig die Eröffnung einer Rede ankündigt. Auch »bin« ist ein schönes Wort. Im Japanischen gibt es auch das Wort »bin«, das klingt genau gleich und bedeutet »eine Flasche«. Wenn ich mit den beiden Wörtern »ich bin« eine Geschichte zu erzählen beginne, öffnet sich ein Raum, das Ich ist ein Pinselansatz, und die Flasche ist leer.

IV. Deutsch sprechen – Ankommen in der Sprache?

1. Franco Biondi: Entstummung 1

Nicht die Sprache
hält uns auseinander

der Zaun lebt
im Zeigefinger

er grenzt dich und mich ab
auf dem Boden der Gebrauchsanweisungen

und entwurzelt jeden Konflikt
jede Begegnung

2. Franco Biondi: sprachfelder 3

vom betonierten flußbett brechen
die wörter der bankkonten aus
und überschwemmen felder und stadt

geschützt ist die zunge
nur hinter geschlossenen zähnen
es sei denn sie tanzt nach
dem takt erprobter monogedanken

durch tausendwörtliche überflutung abgehalten
auf abwege der sprache –
ich komme nie an aber ich komme

3. Myriam Fiorani-Muhm: Domina

Eine Andere, eine Fremde wie ich – oder doch nicht – hat mich aufgefordert, meine Schreiblust diesmal ins Deutsche zu übertragen, in eine Sprache, die mir fetzenweise näherkommt, mir niemals Ruhe gönnt, weil ich im Voraus weiß: sie wird entgleiten, mich vergessen, und die fertiggestellten Formulierungen werden den Impulsen des Gedächtnisses nicht folgen. Fertiggestellte Formulierungen. Sie werden konsumiert, gekaut, verdaut wie Fast Food, ein Schnellimbiß der Gedanken. Kannst du mir folgen? Weißt du, wovon ich spreche?

In jungen Jahren in diese deine Heimat, unsere Wehmut, gekommen, war der erste Versuch der, dieser deiner Sprache mächtig zu werden, Macht über sie zu erlangen, Domina zu spielen mit Worten und Begriffen eines anderen Stammbaumes. Vor vielen Jahren begann dieses unvollendete Schachspiel und ich lernte, daß ich nicht so formulieren konnte, wie ich es hätte ausdrücken wollen, weil diese deine Sprache es nicht erlaubte, weil sie unflexibler sei, wurde gesagt, als die, mit der ich aufgewachsen war.

Ihre Strenge, ihre Kompromißlosigkeit waren aber unabdingbare Voraussetzung ihrer Klarheit, Voraussetzung für die Transparenz ihrer Begriffe, für die, so schien es mir, ich in der anderen Sprache, lange, allzulange Sätze und Umschreibungen brauchte. Der Schachspieler in mir sammelte Worte, aber nicht mehr in ihrer zerbrechlichen Einsamkeit, sondern er beschäftigte sich von nun an mit Wortgruppen, mit Adjektiven und den ihnen gehorchenden Substantiven; fertiggestellte Formulierungen traten in die Alltäglichkeit meiner Gedanken ein. Dann kam die Zeit; und wie in den uns beiden, mir und dir, vor Jahren vorgelesenen Märchen wurde deine Sprache Gefühl und ich ihr hörig.

Die Wiederkehr ihrer Melodie erzwingend, las ich deine Sprache, las lyrische Ansätze deiner Schriftsteller und Dichter und zollte ihrer Kunst Dankbarkeit.

Ich wurde eines ihrer Opfer, und wie eine billig banale Romanfigur, jung, verliebt, konnte ich ihre Kraft nicht erkennen, die schleichende Kraft, die mit jedem neu erworbenen Wort mich enger einschnürte.
Eng ist sie, so eng, daß der Schmerz, den sie bei bestimmten Worten verursacht, stille Sehnsucht nach der Sprache hervorruft, die man Muttersprache nennt, nach der Sprache, die meine Mutter mir beigebracht hat und die so wie deine aus Lügen besteht.
Ein Lügenkodex, der von Generation zu Generation weitergegeben wird und hauptsächlich dem Überleben dienen soll – deshalb Muttersprache? Ein Sprachkodex, der dann verfeinert wird: Lehrkräfte werden eingesetzt, Belesenheit entsteht, der Wortvorrat vergrößert sich und wird im Konkurrenzkampf gezielt eingesetzt. Es geht ja um Macht.
Die Wortmächtigen denken, sie hätten das Schachspiel gewonnen, den König zwar noch nicht mattgesetzt, der Königin aber, dieser wichtigsten Figur, einen kühnen Streich gespielt. Sie aber, Symbol alles Weiblichen, – erlaube mir die Personifizierung – wird den Trugschluß bestärken, sie wird ihnen, den Machthungrigen, Worte geben, und zwar dem Rhythmus folgend, den Shiva, die Göttin, befiehlt: immer schneller, rascher, immer mehr Worte, um ihnen die Möglichkeit des Nachdenkens zu nehmen.
Sie, die Schachkönigin, die Sprache rächt sich daran, daß man das Weibliche und das Betrügen vereinte, der Lüge den weiblichen Artikel gab. Sie gewinnt die Schachpartie, indem sie den Machtbesessenen Macht über Lügen erteilt. Sie, die Muttersprache, kann ihre Kinder stillen. Deiner Sprache aber bin ich dankbar, ihr folgte ich nicht bedingungslos. Ihr gegenüber wurde ich mißtrauisch, sie war nicht die Sprache meiner Mutter. Du weißt, auch diese Worte sind Teil der Lüge.

4. *Emine Sevgi Özdamar: Mutterzunge*

In meiner Sprache heißt Zunge: Sprache.

Zunge hat keine Knochen, wohin man sie dreht, dreht sie sich dorthin.
Ich saß mit meiner gedrehten Zunge in dieser Stadt Berlin. Negercafé, Araber zu Gast, die Hocker sind zu hoch, Füße wackeln. Ein altes Croissant sitzt müde im Teller, ich gebe sofort Bakshish, der Kellner soll sich nicht schämen. Wenn ich nur wüßte, wann ich meine Mutterzunge verloren habe. Ich und meine Mutter sprachen mal in unserer Mutterzunge. Meine Mutter sagte mir: »Weißt du, du sprichst so, du denkst, daß du alles erzählst, aber plötzlich springst du über nichtgesagte Wörter, dann erzählst du wieder ruhig, ich springe mit dir mit, dann atme ich ruhig.« Sie sagte dann: »Du hast die Hälfte deiner Haare in Alamania gelassen.«
Ich erinnere mich jetzt an Muttersätze, die sie in ihrer Mutterzunge gesagt hat, nur dann, wenn ich ihre Stimme mir vorstelle, die Sätze selbst kamen in meine Ohren wie eine von mir gut gelernte Fremdsprache. Ich fragte sie auch, warum Istanbul so dunkel geworden ist, sie sagte: »Istanbul hatte immer diese Lichter, deine Augen sind an Alamanien-Lichter gewöhnt.« Ich erinnere mich noch an eine türkische Mutter und ihre Wörter, die sie in unserer Mutterzunge erzählt hatte. Sie war eine Mutter von einem im Gefängnis in der Nacht nicht schlafenden Jungen, weil er wartete, daß man ihn zum Aufhängen abholen wird. Diese Mutter sagte: »Ich kam aus dem Krankenhaus vor elf Jahren. Ich hab gesehen: der Garten war voll mit Polizisten, mein Kopf ist aus seinem Platz gesprungen, ich hab Nachbarn gefragt. Wahrscheinlich sind die hier für deinen Sohn, haben sie gesagt. Ich bin in den Garten gegangen, zu dem ersten Polizisten. Warum bist du in meinen Garten reingekommen, hab ich gesagt. Dein Sohn ist ge-

schnappt worden, hat er gesagt. Warum soll mein Sohn geschnappt worden sein, hast du überhaupt Hausdurchsuchungspapier, habe ich gesagt, ich bin Analphabet. Er sagte ja. Also gehe ins Haus, such, hab ich gesagt. Das Haus wurde so voll mit ihnen, ich habe auf meinen Beinen gesessen, bin da geblieben, als ich fragte, was ist mit meinem Sohn, haben die gesagt. Dein Sohn ist Anarchist.
Diese Mutter wußte nicht, wieviele Male sie seit elf Jahren geweint hatte, sie fiel zwei Mal auf ihre Knie, einmal wie sie ihren Sohn im Gefängnis zum ersten Mal sah und nicht wiedererkennen konnte. Ein zweites Mal, als er das Wort »Aufhängen« im Stehen hören mußte.
»Ich bin nie zum Gericht gegangen, letztes Gericht, die Richter werden sprechen, haben sie gesagt. Sein Vater ist hingegangen, kam zurück, als er durch die Tür reinkam, sah ich es in seinem Gesicht, die Nachbarn sind alle hinter ihm her, wir haben zusammen geweint, unser Hodscha von Gassenmoschee ist auf seinen Knien wie ein halber Mensch gestanden, geweint, der Aschenbecher, der so dick wie zwei Finger war, ist an dem Tag von seiner Mitte in zwei Teile gesprungen, ich habe ein ›Schascht‹ gehört, der Aschenbecher lag gerade vor mir.«
Dieser Sätze, von der Mutter eines Aufgehängten, erinnere ich mich auch nur so, als ob sie diese Wörter in Deutsch gesagt hätte.

Die Schriften kamen auch in meine Augen wie eine von mir gut gelernte Fremdschrift. Ein Zeitungsausschnitt. »Arbeiter haben ihr eigenes Blut selbst vergossen.« Streik war verboten, Arbeiter schneiden ihre Finger, legten ihre Hemden unter Blutstropfen, in das blutige Hemd wickelten sie ihr trockenes Brot, schickten das zum türkischen Militär, an das erinnere ich mich auch, als ob diese Nachricht vor einer Trinkhalle in mehreren Zeitungen gestanden ist, man sah es beim Vorbeigehen, fotografiert, läßt es fallen.

Wenn ich nur wüßte, in welchem Moment ich meine Mutterzunge verloren habe. Ich lief einmal in Stuttgart um dieses Gefängnis da, da war eine Wiese, nur ein Vogel flog vor den Zellen, ein Gefangener im blauen Trainingsanzug hing am Fenstergitter, er hatte eine sehr weiche Stimme, er sprach in derselben Mutterzunge, sagte laut zu jemandem: »Bruder Yashar, hast du es gesehen?« Der andere, den ich nicht sehen konnte, sagte: »Ja, ich hab gesehn.«
Sehen: *Görmek.*
Ich stand auf der Wiese und lächelte. Wir waren so weit weg voneinander. Sie sahen mich wie eine große Nadel in der Natur, ich wußte nicht, was sie meinten mit Sehen, war ich das oder ein Vogel, von einem Gefängnis aus, kann man nur sehen, fassen, fühlen, fangen. Pflücken, das gibt es nicht.
Görmek: Sehen

Ich erinnere mich an ein anderes Wort in meiner Mutterzunge, es war im Traum. Ich war in Istanbul in einem Holzhaus, dort sah ich einen Freund, einen Kommunisten, er lacht nicht, ich erzähle ihm von jemandem, der die Geschichten mit seinem Mundwinkel erzählt, oberflächlich. Kommunist-Freund sagte: »Alle erzählen so.« Ich sagte: »Was muß man machen, Tiefe zu erzählen?« Er sagte: »*Kaza gecirmek*, Lebensunfälle erleben«.
Görmek und *Kaza gecirmek.*

Noch ein Wort in meiner Mutterzunge kam mal im Traum vorbei. Ein Zug fährt, hält, draußen Verhaftungen, Hunde bellen, drei Zugkontrolleure kommen, ich überlege mir, ob ich sagen soll: »Ich bin Italienerin.« Meinen Paß, in dem Beruf *ISCI* (Arbeiter) steht, will ich verstekken, ich denke, wenn ich mich als Studentin oder als Künstlerin ausweisen kann, komme ich durch die Kontrolle durch, da ist eine Fotokopiermaschine, groß wie ein

Zimmer, sie druckt ein sehr großes Selbstportrait von mir als *ISCI* raus.
Görmek, Kaza gecirmek, ISCI.

Ich saß mal im IC-Zugrestaurant an einem Tisch, an einem anderen saß ein Mann, liest sehr gerne in einem Buch, ich dachte, was liest er? Es war die Speisekarte. Vielleicht habe ich meine Mutterzunge im IC-Restaurant verloren.
Ich konnte am Anfang hier den Kölner Dom nicht angukken. Wenn der Zug in Köln ankam, ich machte immer Augen zu, einmal aber machte ich ein Auge auf, in dem Moment sah ich ihn, der Dom schaute auf mich, da kam eine Rasierklinge in meinen Körper rein und lief auch drinnen, dann war kein Schmerz mehr da, ich machte mein zweites Auge auch auf. Vielleicht habe ich dort meine Mutterzunge verloren.
Stehe auf, geh zum anderen Berlin, Brecht war der erste Mensch, warum ich hierher gekommen bin, vielleicht dort kann ich mich daran erinnern, wann ich meine Mutterzunge verloren habe. Auf dem Korridor zwischen zwei Berlin eine Fotomaschine.
Ich bin am Berliner Ensemble, Kantine.
Meine Stiefel knirschen wie von einem Werbefilmcowboy. Die Kantinenarbeiter rauchen, reden über Töpfe und Teller, draußen warten Bierfässer, Gasflaschen, jeder redet über Arbeit.

Steh auf. Geh auf Fingerspitzen in die Türkei, in einem Diwan sitzen, Großmutter neben mir. In Istanbul im Türkischen Bad sitzen. Die Zigeunerbadearbeiterinnen werden mich waschen. Ein Nuttenbad war es, mich wusch mal eine Zigeunerin, sie fragte mich: »In welchem Haus arbeitest du, meine Schöne?«
Ich arbeitete in der Kommunistischen Commune, ein Tag kam die Polizei, ich war das einzige Mädchen, der Kom-

missar fragte mich: »Diese Kerle hier, laufen die alle über dich?« Ich sagte: »Ja, sie alle laufen über mich, aber laufen vorsichtig.«
Kommissar sagte: »Hast du kein Herz für deinen Vater, ich hab auch eine Tochter in deinem Alter, Allah soll euch alle verfluchen Inschallah.«
In den Polizeikorridor haben die auch den Bruder von Mahir gebracht, Mahir, der in den Zeitungen als Stadtbandit bekannt gemacht war. In den Tagen hatten sie Mahir mit Kugeln getötet. Mahirs Bruder saß da, als ob er in seinem Mund was Bitteres hatte und es nicht rausspucken konnte, er hatte ein sehr dünnes Hemd, ich hatte einen schwarzen Pulli mit Hochkragen.
»Bruder, zieh es an.« Mahirs Bruder sah mich an, als ob ich eine fremde Sprache spreche. Warum steh ich im halben Berlin? Geh diesen Jungen suchen? Es ist siebzehn Jahre her, man hat ihnen die Milch, die sie aus ihren Müttern getrunken haben, aus ihrer Nase rausgeholt.

Ich werde zum anderen Berlin zurückgehen. Ich werde Arabisch lernen, das war mal unsere Schrift, nach unserem Befreiungskrieg, 1927, verbietet Atatürk die arabische Schrift und die lateinischen Buchstaben kamen, mein Großvater konnte nur arabische Schrift, ich konnte nur lateinisches Alphabet, das heißt, wenn mein Großvater und ich stumm wären und uns nur mit Schrift was erzählen könnten, könnten wir uns keine Geschichten erzählen. Vielleicht erst zu Großvater zurück, dann kann ich den Weg zu meiner Mutter und Mutterzunge finden.
Inschallah.
In Westberlin gebe es einen großen Meister der arabischen Schrift.
Ibni Abdullah.

5. Zé do Rock: the omas & the opas

Er kam, kam und ging. Lange Zeit blieb sie an der Türschwelle stehen, die Augen dorthin gerichtet, wo die Straße eine Kurve macht und ins litauische Hinterland verschwindet. 9 Monate später erkannte sie, daß er etwas bei ihr gelassen hatte. Das kleine Wesen wurde eines Tages ein großer Mann, der heiratete und viele kleine Wesen zeugte, darunter meinen Urgroßvater. Auch dieser zeugte ein paar Kinder und wurde dann bekehrt. Vorher war er Katholik, danach gläubiger Baptist. Ohne auf Vorteile und moralische Vorzüge dieser Entscheidung einzugehen, muß gesagt werden, daß dies mein Leben ziemlich verändert hat. Mein Urgroßvater wäre sonst nie auf den Gedanken gekommen, in einem winzigen Nest im Süden Brasiliens eine Stelle als Pastor anzunehmen, sich in einem kleinen Städtchen mit quadratischen Gärten und neogotischer Kirche niederzulassen und das Evangelium zu predigen. Wenn er in Litauen geblieben wäre, wäre ich nicht geboren worden. Aber *wenn* ich dort geboren worden wäre, würde ich jetzt in der Schlange vor dem Brotladen auf die Russen schimpfen. In Brasilien kann man das auch tun, aber es nützt nicht viel. Die Russen können sehr wenig dafür, daß es den Brasilianern schlecht geht.

In Brasilien zeugte er weiter viele Kinder, eines davon war mein Großvater. Auch der wurde groß und heiratete. Meine Großmutter war wie mein Großvater ein bißchen langsam, was vielleicht daran lag, daß ich die beiden erst kennenlernte, als sie schon 80 waren. Die Oma war zwar Brasilianerin, konnte aber bestenfalls *danke schön* auf brasilianisch sagen. Ihr Mädchenname war Schmidtke, ein sehr beliebter Indianername. Da meine Großeltern streng religiös waren, wurde auf dem Bauernhof weder gesoffen noch geraucht. Angebaut wurde hauptsächlich Tabak.

In diesem Milieu wuchs mein Vater auf. Von der Familie meiner Mutter weiß ich wenig: Ihre Vorfahren kamen aus

Rußland, der Urgroßvater wurde erstochen, der Vater meiner Mutter starb eines natürlichen alkoholischen Todes, ein Onkel erschoß sich als 6jähriger beim Spielen mit einer Pistole, und einen anderen erwischte es auf der Jagd (angeblich hat sein Freund ihn mit einem Hirsch verwechselt).

Am Anfang der Menschheit gab es eine sehr einfache Sprache: *iiiii!* bedeutete Gefahr, *ooooo!* Bewunderung, *bäää-bäää!* »das Lamm schmeckt scheußlich«, *aaaaa?* »wie wär's mit uns beiden?« und *a-a!* »nein«. Die Sprecher mehrten sich und mit ihnen die Sprachen. Sie wuchsen zu sehr komplexen Gebilden mit vielen tausend Wörtern, abstrakten Begriffen und Regeln. Seit einigen Jahrhunderten aber zeigen die Sprachen wieder eine Neigung zur Vereinfachung – zumindest grammatisch und phonetisch. Beugungen fallen und Wörter schrumpfen. Soll das bedeuten, daß die Menschen dümmer werden und bald wieder auf die Bäume klettern? Eher unwahrscheinlich, da es sowieso nicht mehr lange dauert, bis es keine Bäume mehr gibt.

Nur bei der deutschen Sprache bin ich mir über die Tendenz zur Vereinfachung nicht sicher. In alten Texten bin ich vielfach auf Formen gestoßen, die schlichter waren. Nicht nur, daß im Neuhochdeutschen öfter aus einem Laut 2 und den Wörtern Konsonanten hinzugefügt wurden, vor allem Rechtschreibung und Zeichensetzung sind komplizierter geworden. Das mag daran liegen, daß dabei vor allem Schreiber und Setzer das Sagen hatten. Vielleicht war deren Logik: je mehr zu schreiben, desto mehr zu verdienen. Also haben sie die Wörter so lang wie möglich geschrieben. Und ich könnte mir vorstellen, daß sie die vielen Schikanen erfunden haben, um sicher zu sein, daß sie, die Schreiber, unentbehrlich bleiben.

Daß die deutsche Sprache schwierig ist, weiß man sowohl in Deutschland wie im Ausland. Wenn ich mich aber bei meinen deutschen Freunden beschwere, ist deren Antwort meist, daß andere Sprachen wie Französisch oder Italienisch auch nicht einfach seien. Das stimmt. Jede Sprache hat ihre eigenen Tücken. Die eine hat eine unverständliche Rechtschreibung, die andere eine umfangreiche Grammatik, die nächste eine eigenartige Schrift oder eine zungenbrecherische Aussprache. Manche bereiten in mehreren Richtungen Probleme.

Was Deutsch von diesen Sprachen unterscheidet, ist, daß es alle Probleme aufweist: einen absurden Satzbau, eine uneinheitliche Rechtschreibung (*Zuk-ker* statt *Zuc-ker* oder *Zu-cker, Pappolizist* statt *Papppolizist*, Großschreibung für die Hauptwörter und *sparen* aber *fahren, los* aber *Moos, Form* aber *vorn*), eine ausufernde Grammatik (Konjugationen, Deklinationen, über 10 Mehrzahlendungen) und eine unnachahmliche Aussprache (Silben mit 10 Buchstaben wie du *schleichst*, du *schluchzst*, Konsonantenanhäufungen wie La*chsschl*emmer).

Die Standardantwort auf meine Klagen lautet, daß Deutsch dafür präzise sei. Das kann ich leider nicht bestätigen. Die Sprache ist sehr ausdrucksreich, was sie aber nicht ihrer geballten Menge Komplikationen, sondern ihrem Wortschatz und der Freiheit, Wörter zu kombinieren, verdankt. Eigentlich ist sie die chaotischste Sprache, die ich kenne. Den alltäglichen Satz »die Frau, die das Mädchen sah, war blond« versteht man nur, weil solche Sätze selten allein stehen. Die falsche Interpretation (»die Frau sah das Mädchen« oder »das Mädchen sah die Frau«) erreicht nicht das Bewußtsein. Wenn es keinen Kontext gibt, wie auf dem Plakat *Frauen Zeichnen*, wird es restlos uneindeutig. Zeichnen jetzt die Frauen, oder werden sie gezeichnet? Ganz egal, ob diese Bezugsfehler systemimmanent oder Fehler der Schreiber sind: eine Sprache, bei der man jeden Satz 3 mal nachprüfen muß, ob er nicht zweideutig ist, kann nicht als präzise gelten.

Aber ich beschäftige mich hier nicht mit der Sprache, die man benutzen sollte, sondern mit der Sprache, die man benutzt.

6. *Eleni Torossi: Gespräch mit Carmine Chiellino*
(Auszug)

Welche Rolle spielt in ästhetischer oder gesellschaftlicher Hinsicht die deutsche Sprache in Ihrer Literatur?

Anfangs hat die Form der Sprache für mich keine große Rolle gespielt, für mich war der Inhalt wichtig. Mit der Zeit entwickelte sich in mir jedoch ein größerer formeller Anspruch. Früher schrieb ich, ohne groß auf die Form zu achten, aber das hat mich nicht befriedigt, und ich fühlte mich oft minderwertig. Je besser ich die Form der Sprache beherrsche, umso besser fühle ich mich auch persönlich. Und desto mehr identifiziere ich mich mit der Rolle eines Autors.
Indem ich in Deutschland und auf deutsch schreibe, spüre ich schon eine gewisse Verpflichtung über die Gefühle, Wünsche, Träume der Minderheiten zu sprechen. Aber ich glaube, wenn ich in Griechenland auf griechisch schreiben würde, hätte ich auch über eine Minderheit geschrieben. Daher kann ich nicht sagen, daß die deutsche Sprache mich verpflichtete, über ganz bestimmte Inhalte zu schreiben; in meiner Heimat hätte ich über ähnliche Themen geschrieben.

[...]

Welche Rolle kann die Literatur der Ausländer bei der Gestaltung eines gemeinsamen Lebens zwischen Ausländern und Deutschen übernehmen?

Die Literatur der Ausländer hat meiner Meinung nach immer emanzipatorische Inhalte. Und das ist für beide Nationalitäten eine sehr große Chance, sich näher zu kommen. Ich glaube, daß auch die Deutschen sich nach einer

Befreiung aus ihrer Gesellschaftsstruktur sehnen, daß sie sich viel zu sehr eingeengt haben in diese neue Welt der Technologie, des Konsums, des Fernsehens usw. und eine große Sehnsucht spüren nach anderen Wegen, die sie wieder näher zu den Mitmenschen bringen. Solche Inhalte bieten sich in hohem Maße in der Ausländerliteratur an. Was nun speziell meine Kinderliteratur betrifft: Ich spreche meistens über eine Minderheit, ich spreche über Themen, die die ausländischen Kinder betreffen, aber ich glaube, daß auch die deutschen Kinder in einer Minderheit leben. Die deutschen Kinder werden überall abgeschoben, sie müssen im Kinderzimmer bleiben, sie müssen um acht Uhr ins Bett, sie müssen in den Kindergarten gehen, sie nehmen nicht genügend am Leben der Erwachsenen teil. Ich empfinde auch die deutschen Kinder als eine Minderheit in der deutschen Gesellschaft. Und mit meinen Themen für ausländische Kinder spreche ich, glaube ich, auch sehr gut deutsche Kinder an.

Wenn man den Drang der Ausländer nach Konsum beobachtet, dann kann man wirklich nicht sagen, daß ihre Art zu leben eine Alternative zum Leben der Deutschen darstellt.

Das stimmt, das kann man nicht sagen. Aber ich glaube, die Sensibilität der ausländischen Autoren, mit der sie verschiedene Themen ansprechen, kann schon als Alternative gelten. Ein Ausländer hat eine andere Vergangenheit als ein Deutscher, er hat schon allein durch seine Erfahrung andere Möglichkeiten, über Themen zu schreiben, die den Menschen zum Mittelpunkt haben. Er ist in einer Gesellschaft aufgewachsen, in der die Menschen sich näher standen, in der das Gruppen-Ich noch stark war. Er erinnert sich daran, wie es in seiner Heimat in der Jugend war, als er mit einer Gruppe von Freunden ans Meer ging, ein Feuer machte, es wurde gesungen, und er war glücklich.

Und wenn er hier, um glücklich zu sein, in ein Kaufhaus geht und etwas kauft, dann empfindet er das sehr deutlich als Verarmung, denn das Erlebnis der Geborgenheit in einer Gruppe ist noch in ihm lebendig. Bei den Deutschen ist diese Art von Glück in der Gruppe schon verschüttet, weil das eine Lebensform ist, die schon sehr weit zurückliegt. Das heißt aber nicht, daß ein Deutscher nicht in sich die Sehnsucht nach solcher Geborgenheit spürt. Diese Sehnsucht kann ein ausländischer Autor besonders gut ansprechen.

7. Yoko Tawada: Wolkenkarte

Haben Sie eine ...Karte?
Wie bitte?
Ich hatte die Frage nicht verstanden. Was für eine Karte sollte ich hier an der Kasse haben? Ich stand in einem Supermarkt in Basel. Genau dieselbe Situation hatte ich doch woanders schon einmal erlebt. Dort waren die Wörter auch so flüchtig gewesen. Wo war das? Ja, in Boston, vor zwei Jahren. Es war auch an der Kasse eines Supermarktes gewesen, und die Kassiererin hatte mich gefragt, ob ich die »starcard« hätte. Ich verstand die Frage zuerst nicht, die Kassiererin wiederholte sie. Dann verstand ich sie, aber die Karte besaß ich nicht. Es kam mir vor, als ginge es um einen Ausweis, den man braucht, um zu dem Ort zu gehören. Ich besaß keine Sternenkarte in Boston, also war ich von einem anderen Planeten. Und was für eine Karte sollte ich in Basel haben?
Es gibt in manchen Ländern Karten, mit deren Hilfe der Staat kontrolliert, was das Volk konsumiert. Früher blickten die Könige auf den Rauch, der aus den Schornsteinen der Häuser aufstieg, um zu sehen, ob das Volk genug zu essen hatte. So steht es zumindest in manchen Märchen.
Haben Sie eine ...Karte?

Beim zweiten Mal verstand ich »Kumo-Karte«. »Kumo« ist ein japanisches Wort und bedeutet Wolken. Ach so, in Amerika mußte man eine Sternenkarte haben, während man in der Schweiz eine Wolkenkarte brauchte.
Nein, ich habe keine Wolkenkarte, antwortete ich. Leider nicht. Wenn ich nach einem Ausweis gefragt worden wäre, hätte ich meinen Reisepaß oder meinen Fahrausweis (der leider »Führerschein« heißt) zeigen können. Aber Wolken konnte ich keine vorzeigen.

Eine Woche später fragte mich eine Frau:
Haben Sie ein Velo?
Ich war erschrocken, denn »Velo« klingt fast genauso wie ein japanisches Wort, das »Zunge« bedeutet. Haben Sie eine Zunge? Das ist eine wichtige Frage. Haben Sie die Zunge, die man braucht, um hierher zu gehören?
Nein, habe ich nicht. Denn meine Zunge kann die Wörter nicht so aussprechen wie die Zunge der Einheimischen.

In einem linguistischen Aufsatz habe ich gelesen, daß es in der Schweiz ungefähr 75 regionale Ausdrücke für Marienkäfer gibt. Seitdem stelle ich jedem Menschen, dem ich in diesem Land begegne, die folgende Frage: Wie bezeichnen Sie das Tier, das auf dem Rücken Sterne trägt?

8. Zafer Şenocak: Die andere Sprache leben

In dem bayerischen Städtchen, in dem ich vor einunddreißig Jahren ankam, erschien mir die deutsche Sprache in der Gestalt einer alten Dame, die unsere Wirtin war. Wir wohnten ein halbes Jahr bei ihr unterm Dach. Ich erinnere mich an eine freundliche, vitale Frau, die gerne Auto fuhr und fernschaute. Ich durfte manchmal mitsitzen beim Fernsehen. Vor allem wenn meine Lieblingssendung »Spiel ohne Gren-

zen« kam. Oder die unvergeßlichen Spiele der Fußballweltmeisterschaft 1970. Eine Schule besuchte ich nicht, obwohl ich mit meinen acht Jahren dazu verpflichtet gewesen wäre. Aber meine Eltern teilten meine Angst vor der fremden Umgebung. Ein Großstadtkind aus Istanbul unter bayerischen Lederhosenkids, das wäre schon eine Erfahrung gewesen. Die Nachbarskinder beobachtete ich aus sicherer Distanz. Ich bekam eine deutsche Fibel geschenkt. In diesem Buch warfen sich fröhliche, rotbackige, buntangezogene Kinder Bälle zu und sagten »Das ist ein Ball«. Das ist der erste komplette deutsche Satz, an den ich mich erinnere.
Bald schon begann ich für meine Mutter zu übersetzen. Unsere Wirtin rief mich herbei, wenn sie in der Konversation mit meiner Mutter nicht weiterkam. Unsere Wirtin war verwitwet. An ihren Mann, den ich bei unserem ersten Aufenthalt fünf Jahre zuvor auch gesehen haben muß, erinnere ich mich nicht mehr. Damals hatten wir einen Sommer bei ihnen verbracht. Mein Vater hatte in dem Goethe-Institut des kleinen Städtchens Deutsch gelernt. Ich erinnere mich an schöne Ausflüge ins Gebirge: Besonders aufregende Unternehmungen für einen Jungen, der am Meer aufgewachsen ist. Der Ehemann unserer Wirtin soll pensionierter Volksschullehrer gewesen sein. Mein Vater nannte ihn den Herrn Direktor. Er soll immer hilfsbereit gewesen sein, vor allem wenn es darum ging, die Sprachkenntnisse meines Vaters zu erweitern. Sein Lieblingssatz lautete: »Ich werde schlagen.« Mein Vater mußte wiederholen: »Ich werde schlagen, du wirst schlagen, er wird schlagen«. Lebensweisheit und Grammatik in einem Satz. Mein Vater schien eher amüsiert als beeindruckt gewesen zu sein. Denn noch heute schmückt diese Anekdote seine Erinnerungen aus dieser Zeit. Für mich persönlich hatte der Satz glücklicherweise keine Folgen.
Ein halbes Jahr später besuchte ich eine Volksschule in München. In meiner Klasse gab es keinen, der Türkisch sprach. So war das Erlernen der deutschen Sprache mehr

ein Spiel als Lerninhalt. Man lernt am besten beim Spielen. Wie unter Narkose wird der Lernprozeß, der oft einer schmerzhaften Operation gleicht, vollzogen. Man macht schnelle Fortschritte, ohne den langen Weg mitzubekommen, den man dafür zurücklegen muß. Das kann nur einem Kind gelingen. Das Kind kennt noch keine Unterscheidung zwischen Mutter- und Fremdsprache. Es kennt lediglich vertraute und fremde Laute. Es kategorisiert noch nicht. Es ist noch kein ent-fremdetes Wesen, wie später der ausgebildete Erwachsene. So bin ich einfach in die deutsche Sprache hineingefallen und habe sofort zu schwimmen begonnen.

Ich schwimme heute noch. Manchmal ruhe ich mich auf Inseln aus, die ich von meinen Lektüren her kenne. Es sind Sprachinseln, die Dichtern gehören, denen ich die Vertiefung meines Sprachgefühls im Deutsch verdanke. Einige Namen will ich hier nennen: Kleist, Hölderlin, Rilke, Bachmann, Celan. Sprachen sind Kinder, die von Autoren großgezogen werden.

Wenn ich mein Verhältnis zur deutschen Sprache skizziere, dann nicht als Verhältnis zu einer Fremdsprache, sondern zu einer Literatursprache, in der ich denken, die Welt deuten, träumen und das Angedachte und Erträumte schreiben kann. Das ist ein kompliziertes, aber immer warmes, vertrautes Verhältnis. Zuweilen geht es zu wie in einer glücklichen Ehe. Ich und mein Deutsch haben eine Liebesbeziehung. Nur durch die entrückende Kraft der Liebe kann man das Leben einer anderen Person leben, die auf diese Weise ihre Fremdheit ablegt und zu einer Vertrauten wird. So lebe und erlebe ich die andere Sprache. Von dieser Warte aus gesehen bin ich immer ratlos, wenn ich aufgrund meiner Herkunft Stellung beziehen muß, zu einer wie auch immer vermuteten Fremdheit. Ich glaube nicht, daß ich und mein Deutsch fremdeln und uns auseinanderleben werden. Aber wie sicher kann man sich in einer Ehe schon sein.

9. Feridun Zaimoglu: Kanak Sprak
(Auszug)

Den Kanaken schiebt man Sitten und Riten zu wie einen Schwarzen Peter. Von außen betrachtet kommen sie nur als amorphe Masse von Lumpenproletariern vor, die man an Äußerlichkeiten und »spezifischen Eigenarten« zu erkennen glaubt. Auch wenn sie zu einer endgültigen Entscheidung gezwungen würden, die Kanaken suchen keine kulturelle Verankerung. Sie möchten sich weder im Supermarkt der Identitäten bedienen, noch in einer egalitären Herde von Heimatvertriebenen aufgehen. Sie haben eine eigene innere Prägung und ganz klare Vorstellungen von Selbstbestimmung. Sie bilden die eigentliche Generation X, der Individuation und Ontogenese verweigert worden sind.

Längst haben sie einen Untergrund-Kodex entwickelt und sprechen einen eigenen Jargon: die »Kanak-Sprak«, eine Art Creol oder Rotwelsch mit geheimen Codes und Zeichen. Ihr Reden ist dem Free-Style-Sermon im Rap verwandt, dort wie hier spricht man aus einer Pose heraus. Diese Sprache entscheidet über die Existenz: Man gibt eine ganz und gar private Vorstellung in Worten.

Die Wortgewalt des Kanaken drückt sich aus in einem herausgepreßten, kurzatmigen und hybriden Gestammel ohne Punkt und Komma, mit willkürlich gesetzten Pausen und improvisierten Wendungen. Der Kanake spricht seine Muttersprache nur fehlerhaft, auch das »Alemannisch« ist ihm nur bedingt geläufig. Sein Sprachschatz setzt sich aus »verkauderwelschten« Vokabeln und Redewendungen zusammen, die so in keiner der beiden Sprachen vorkommen. In seine Stegreif-Bilder und -Gleichnisse läßt er Anleihen vom Hochtürkisch bis zum dialektalen Argot anatolischer Dörfer einfließen. Er unterstreicht und begleitet seinen freien Vortrag mimisch und gestisch. Die reiche Gebärdensprache des Kanaken geht dabei von einer

Grundpose aus, der sogenannten »Ankerstellung«: Die weit ausholenden Arme, das geerdete linke Standbein und das mit der Schuhspitze scharrende rechte Spielbein bedeuten dem Gegenüber, daß der Kanake in diesem Augenblick auf eine rege Unterhaltung großen Wert legt. Ballt der Kanake beispielsweise die rechte Faust, um sie blitzschnell zu öffnen und die Hand zu fächern, will er seine Mißbilligung oder seine Enttäuschung zum Ausdruck bringen. Streicht er sich mit einem angefeuchteten Zeigefinger über eine Augenbraue, so möchte er seine Kompetenz oder einen gelungenen Spruch anerkannt wissen. Und über die einzelne charakteristische Gebärde hinaus signalisiert der Kanake: Hier stehe ich und gebe mit allem, was ich bin, zu verstehen: Ich zeige und erzeuge Präsenz.

Weil sich die Kanak Kids in den Straßen bewegen, sprechen sie einen sich laufend weiterentwickelnden symbolischen Jargon, der häufig als blumige Orientalensprache mißverstanden wird. Dieser Folklore-Falle mußte meine Nachdichtung entgehen. Deshalb enthält die deutsche Übertragung nur die Anrede »Bruder« und nicht gözüm (mein Auge), gözümün nuru (mein Augenlicht) oder vieles andere. Der Kanake sagt, wörtlich übersetzt, »Haßhand teilt gerne aus, bricht sich aber viele Knochen« und meint »wer von Haß erfüllt ist, greift ohne Rücksicht auf Verluste zur Gewalt«. Der Kanake sagt »Gott fickt jede Lahmgöre« und meint »wenn man weiterkommen will, muß man sein Schicksal selbst in die Hand nehmen«. Dies war bei der Nachdichtung ebenso zu berücksichtigen wie die Tatsache, daß der Kanake nicht mit einem »stino«-Sproß aus gutbürgerlichen Kreisen gleichgesetzt werden darf, der four-letter words kultiviert und mit der Bierdose in der Hand vor einem Kaufhaus »anzuecken« versucht.

10. Nina Schürmann: Voll krass

Viele Jugendliche fahren auf »Kanak Sprak« ab

»Was geht ab, Alder?«, »voll krass« oder »korrekt« mit gerolltem »r« – die so genannte »Kanak Sprak« ist nicht nur beliebter Bestandteil von Comedy-Sendungen, sondern Teil der Alltagssprache auch deutscher Jugendlicher. Allerdings ist die »Kanak Sprak« laut Wissenschaftlern eine Kunstsprache, die mit dem tatsächlichen Sprechstil der Migrantenkinder der zweiten und dritten Generation wenig gemein hat. Fragmente von Migrantensprachen und insbesondere das Einbeziehen türkischer Ausdrücke können nach Einschätzung der Experten aber langfristig die deutsche Sprache beeinflussen.

Schon lange hat der »Türkenslang« Kult-Qualität. Der Schriftsteller Feridun Zaimoglu gab dem »Kauderwelsch« schon vor zehn Jahren den Namen »Kanak Sprak«. Ein Missverständnis, denn Zaimoglu legte über die Sprache der Migranten seinen eigenen Stil. Zaimoglus Ziel war noch politisch motiviert: Der negativ belegte Begriff »Kanake« sollte genauso selbstbewusst von den Migranten übernommen werden wie der Begriff »schwul« von den Homosexuellen.

Dann kamen Erkan und Stefan, »Mundstuhl« und Kaya Yanar, die so genannte »Ethno-Comedy«. Ganze Wörterbücher, wie etwa »Kanakisch-Deutsch. Dem krassesten Sprakbuch übernhaupt« von Michael Freidank eroberten den Markt. Die »Kanak Sprak« wurde vereinnahmt und ihre politische Motivation ausgeklammert. Fast ausschließlich deutsche Medienmacher verwenden den sprachlichen Mischmasch und ergänzen ihren eigenen Stil. Dadurch ist eine Kunstsprache entstanden, die in der Wirklichkeit jedoch gar nicht existiert. Die deutschen Jugendlichen haben wiederum begonnen, diesen medial entstandenen Sprechstil zu zitieren und weiterzuentwickeln.

In den Immigrantenvierteln der Großstädte werde ein mehrsprachiger Mix gesprochen, bei dem anderssprachige Begriffe mühelos in den deutschen Sprachfluss integriert würden, erklärt der Sprachwissenschaftler Jannis Androutsopoulos. »Mit der ›Kanak Sprak‹, wie wir sie aus der Comedy kennen, hat das nichts zu tun.«
Merkmale des eigentlichen Sprechstils der türkischen Migrantenkinder – eines so genannten Ethnolekts – sind etwa ein reduzierter Satzbau und das Fehlen von Artikeln und Präpositionen, wie der Mannheimer Sprachwissenschaftler Ibrahim Cindark erklärt. »Auf jeden Fall gehört zu diesem Sprechstil das Einbeziehen auch türkischer Wörter und Sätze.« Gesprochen wird so meist nur in bestimmten ethnischen Milieus, um die Zugehörigkeit zu bekunden.
Die deutschen Grammatikregeln sind den Sprechern dabei durchaus bekannt. Bei einer vierjährigen Studie des Instituts für Deutsche Sprache in Mannheim wurden auch Gespräche in Schulklassen aufgenommen. »Als ein Kind auf die Toilette gehen musste, sagte es ›Ich gehe Toilette‹. Nachdem die Lehrerin das Kind jedoch aufforderte, den Satz zu korrigieren, sagte es ›Ich gehe auf die Toilette‹«, berichtet Cindark.
Ein weiterer Trend scheint sich zu entwickeln: Fragmente der Migrantensprache werden auch von deutschen Jugendlichen übernommen. »Türkische Ausdrücke fließen in die Sätze mit ein, auch wenn das in der Regel nur Floskeln sind«, sagt Androutsopoulos. Eine Feldstudie belegt, wie sich Türkisch in den Immigrantenvierteln von Hamburg zu einer allgemein verfügbaren Umgangssprache entwickelt hat. Mit der klischeehaften Zuschreibung auf ausschließlich jugendliche Hauptschüler ist dieser Trend jedoch nicht vereinbar. Die Hamburger Studie belegt, dass so mancher der Jugendlichen durchaus aufstiegsorientiert und schulisch erfolgreich ist.
Das Potenzial dieses Sprechstils ist groß, da sind sich die

Wissenschaftler einig. Der Sprachwissenschaftler Peter Auer schreibt in seinem Aufsatz »Türkenslang«: »Der Ethnolekt wird zu einem Soziolekt des Deutschen.« Ob der Sprachtrend tatsächlich die dafür nötige Stabilität aufweisen wird, oder letztlich eine weitere, vergängliche Jugendmode ist, wird sich in der nächsten Generation zeigen.

V. Zahlen – Fakten – Hintergründe

1. Petrus Han: Asylanträge und Anerkennungsquoten in Deutschland, 1990–2002

Jahr	Erstanträge	Folgeanträge	Anerkennungsquoten
1990	193.063		4,4
1991	256.112		6,9
1992	438.191		4,3
1993	322.599		3,2
1994	127.210		7,3
1995	127.937	39.014	9,0
1996	116.367	32.826	7,4
1997	104.353	47.347	4,9
1998	98.644	44.785	4,0
1999	95.113	43.206	3,0
2000	78.564	39.084	3,0
2001	88.287	30.019	5,3
2002	71.127	20.344	1,8

Erst- und Folgeanträge werden erst seit 1995 gesondert ausgewiesen.
Die Anerkennungsquoten beziehen sich auf die jährliche Zahl an Entscheidungen.

2. Felix Berth: Kleine Revolution der Amtsstatistik

Neue Zahlen: In Deutschland leben 15 Millionen Menschen mit »Migrationshintergrund«

Wie viele Ausländer leben in Deutschland? Wer sich auf den Internet-Seiten des Statistischen Bundesamtes informieren will, findet eine scheinbar präzise Zahl: Ende 2004 wohnten demnach 7,3 Millionen Ausländer in der Bundesrepublik – also deutlich weniger als zehn Prozent der Gesamtbevölkerung von 82,5 Millionen Menschen. Wie sehr diese Zahl in die Irre führt, haben die amtlichen Statistiker nun selbst berechnet. Denn der Mikrozensus 2005, der demnächst veröffentlicht wird, zeigt, dass etwa jeder fünfte Bewohner der Republik zugewandert ist oder immigrierte Eltern beziehungsweise Großeltern hat. Die Gesamtzahl der Menschen »mit Migrationshintergrund«, wie das in der Sprache der Statistiker heißt, liegt demnach bei mehr als 15 Millionen.

Dass die Zahlen – 7,3 versus 15 Millionen – so unterschiedlich ausfallen, liegt an den Unschärfen der amtlichen Statistik. Darin erscheint jeder Ausländer, der sich einbürgern ließ, als Deutscher; auch Russlanddeutsche und viele Kinder von binationalen Ehen gelten juristisch und damit statistisch als Deutsche. Die offizielle Zahl sagt deshalb eigentlich nur eines: Wie viele Menschen mit deutschem Pass es gibt. Ob sie Migranten sind, erklärt sie nicht.

Die neuen Berechnungen belegen auch, dass die Schulen in den kommenden Jahren eine steigende Zahl von Zuwanderern unterrichten müssen. So stellen Migrantenkinder bei den bis zu Sechsjährigen heute einen Anteil von genau einem Drittel. Für den durchschnittlichen deutschen Kindergarten bedeutet dies: Jedes dritte Kind hat Eltern, die nach Deutschland eingewandert sind. In Westdeutschland und hier besonders in Großstädten wird dieser Wert stark überschritten – Quoten von fünfzig Prozent sind in vielen Stadtteilen bereits Realität oder zu erwarten.

Derzeit jedoch, das zeigen die Zahlen ebenfalls, bilden die Schulen Migrantenkinder nur unzureichend aus. Aus anderen Untersuchungen ist bekannt, dass viele junge Ausländer keinen Schulabschluss schaffen oder ihre Lehre abbrechen. Wie dramatisch diese Quoten bei einzelnen Gruppen ausfallen, zeigen die neuen Daten erstmals. So haben von den 25- bis 35-jährigen türkischstämmigen Einwanderern fast sechzig Prozent keinen beruflichen Bildungsabschluss. Bei Immigranten aus den anderen ehemaligen Anwerbestaaten sind es immerhin knapp 40 Prozent.

Eine Interpretation allerdings lässt die Statistik nicht zu: dass *alle* Migrantenkinder am deutschen Schul- und Ausbildungssystem scheitern. Denn ein erheblicher Teil schafft die Hochschulreife; die Abiturienten-Quoten liegen bei Immigranten der zweiten und dritten Generation so hoch wie bei »normalen« Deutschen. Der nationale Bildungsbericht, der am vergangenen Freitag veröffentlicht wurde, zieht deshalb eine zwiespältige Bilanz: »Dem deutschen Bildungssystem gelingt es, die qualifizierten Migranten zu fördern, nicht jedoch die Bildungshemmnisse bei den Problemgruppen auszugleichen.«

Die kleine Revolution der amtlichen Statistik, die die neuen Daten einleiten, dürfte übrigens auch eine Legende widerlegen: Dass Deutschland kein Einwanderungsland sei, lässt sich bei Kenntnis der neuen Daten nicht mehr behaupten.

3. Petrus Han: Existentielle Unsicherheit und Orientierungsstörung als Folgen migrationsbedingter Entwurzelung und Desozialisierung

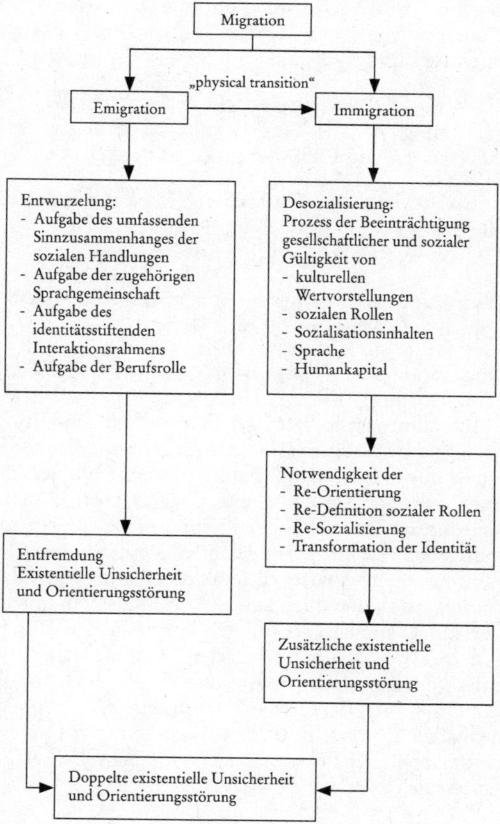

4. Annette Treibel: Migration in modernen Gesellschaften
(Auszug)

Bezüglich des Verhältnisses von zugewanderter Minderheit und einheimischer Mehrheit unterscheidet Esser drei Formen (vgl. 1980: 20–25):

1. Unter *Akkulturation* versteht er den Prozeß der Angleichung, der als Lernen kulturell üblicher Verhaltensweisen und Orientierungen zu verstehen ist;

2. *Assimilation* sei der Zustand der Ähnlichkeit des Wanderers in Handlungsweisen, Orientierungen und interaktiver Verflechtung zum Aufnahmesystem;

3. *Integration* definiert er als einen personalen oder relationalen Gleichgewichtszutand.

Akkulturation und Assimilation beziehen sich beide auf die Angleichung (bisher: Assimilation) der Zuwanderer an die Aufnahmegesellschaft, wobei mit Akkulturation der Prozeß und mit Assimilation das ›Ergebnis‹ (Zustand) der Angleichung gemeint sind. Paul Bernhard Hill, der Essers Ansatz für seine Untersuchung über Determinanten der Eingliederung von Arbeitsmigranten (1984) verwandte, betonte, daß es keine festgelegten Verbindungen (Verknüpfungsregeln) zwischen Akkulturation, Assimilation und Integration und auch keine ›Automatismen‹ innerhalb dieser Dimensionen gibt: »Betrachtet man den Fall eines Wanderers, der in einer ethnischen Kolonie nahezu vollständig von dem Aufnahmesystem isoliert lebt, so gilt er absolut als integriert, wenn er in einem persönlichen Gleichgewicht verweilt; da er jedoch keinerlei interethnische Beziehungen unterhält, kann er nicht als relational integriert gelten« (Hill 1984: 39).

Im Mittelpunkt des Esserschen Ansatzes stehen die sog. *assimilativen Handlungen* der Wanderer. Esser unterscheidet verschiedene Dimensionen der Assimilation (siehe Abbildung).

Einzeldimensionen der Assimilation

allgemeine Variablen	*spezifische Variablen*
kognitive Assimilation	Sprache Fertigkeiten Verhaltenssicherheit Regelkompetenz für Gestik und Gebräuche Normenkenntnis Situationserkennung
identifikative Assimilation	Rückkehrabsicht Naturalisierungsabsicht ethnische Zugehörigkeitsdefinition Beibehaltung ethnischer Gebräuche politisches Verhalten
soziale Assimilation	formelle und informelle interethnische Kontakte De-Segregation Partizipation an Einrichtungen des Aufnahmesystems
strukturelle Assimilation	Einkommen Berufsprestige Positionsbesetzung vertikale Mobilität De-Segregation

5. Die Phasen des Assimilationsprozesses von Milton M. Gordon

Subprozess bzw. Bedingungen	Teilprozesse der Assimilation	Spezielle Bedingungen
Wandel der kulturellen Verhaltensmuster in Richtung auf Angleichung mit der Aufnahmegesellschaft	Kulturelle oder verhaltensmäßige Assimilation	Akkulturation
Eintritt in Cliquen, Vereine und Institutionen der Aufnahmegesellschaft auf der Basis der Primärbeziehungen	Strukturelle Assimilation	---------
Entstehen interethnischer Heiratsmuster	Marital Assimilation	Amalgamierung
Entwicklung des Zugehörigkeitsgefühls zur Aufnahmegesellschaft	Identifikative Assimilation	---------
Fehlen von Vorurteilen	Attitude receptional Assimilation	---------
Fehlen von Diskriminierungen	Behavioral receptional Assimilation	---------
Fehlen von Wertkonflikten und Machtkämpfen	Zivile Assimilation	---------

6. Tanja Wunderlich: Systemintegration und die vier Dimensionen der Sozialintegration

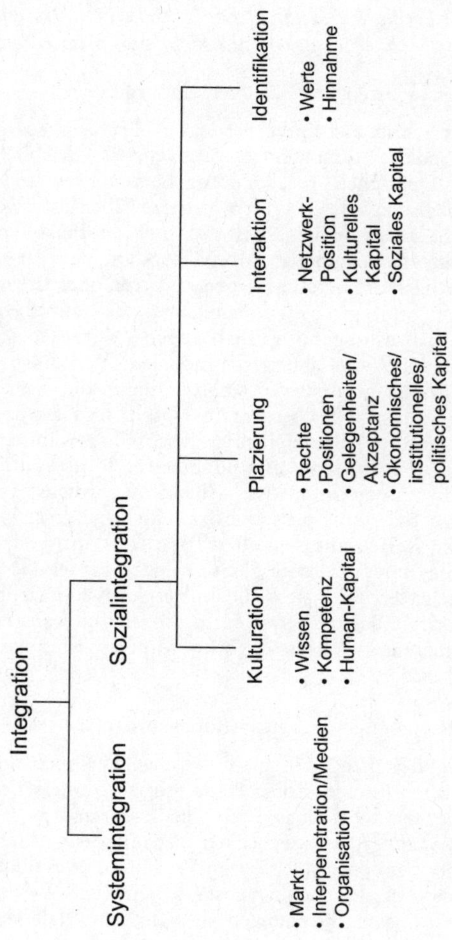

7. *Tanja Wunderlich: Die subjektiven Dimensionen: Einbürgerung aus Sicht von Migranten*

Warum lassen sich Personen einbürgern?

Der Schritt zur Einbürgerung erfolgt meist aus mehreren Gründen: Instrumentelle Motive, wie Gleichbehandlung mit Deutschen, Erleichterung beim Reisen und weniger Bürokratie spielen in den meisten Fällen eine Rolle, aber nicht ausschließlich. Bei den meisten Personen gibt es nicht *ein* bestimmtes Motiv, sondern eine Vielzahl von Motiven, die sich über einen kürzeren oder längeren Zeitraum hinweg angesammelt haben. Bei einzelnen Befragten gab es zugehörigkeitsbezogene Motive, das heißt sie erzählten von einer emotionalen Verbundenheit mit Deutschland und sie wollten durch die Einbürgerung Kongruenz zwischen ihrem Gefühl und der rechtlichen Zugehörigkeit herstellen. Andererseits erwähnten die Befragten auch herkunftslandbezogene Motive, die eher negativ geprägt sind: Man will den Wehrdienst vermeiden, kann oder will nicht zurückkehren, fühlt sich unsicher beim Reisen mit dem alten Pass. Die Motivgruppen »Familie« und »Zugehörigkeit« spielten in der Gesamtschau eine untergeordnete Rolle im Vergleich zu instrumentellen Motiven. Sie können aber im Einzelfall durchaus eine dominierende Rolle unter allen Motiven einer Person einnehmen.

Wie verlaufen die Entscheidungsprozesse?

Grundsätzlich kann man zwischen Personen mit langem und mit kurzem Entscheidungsprozess unterscheiden. Der lange Entscheidungsprozess kann durch z.B. emotionale Abwägungsprozesse bei der Person selbst, durch Ängste (z.B. vor dem Sprachtest im Verfahren) oder durch Widerstände in der Familie zustandekommen. Welche starken emotionalen Spannungen dies im Einzelfall verursachen kann, wurde aus der vertieften Analyse eines Einzelfalles deutlich, in dem Versagens- und Prüfungsängste vor dem Sprachtest fast den Einbürgerungsantrag verhindert hätten. In der vorliegenden Untersuchung entscheiden sich die meisten Befragten jedoch nach relativ kurzer Zeit für die Einbürgerung, wobei sie sich durch bestimmte Einflussfaktoren (Gedanke an den Verlust der alten Staatsangehörigkeit, soziales Umfeld) gar nicht oder positiv in Richtung Einbürgerung beeinflussen ließen. Generell gibt es jedoch keinen Determinismus, dass eine bestimmte Konstellation von Einflussfaktoren in jedem Fall eine Verzögerung oder Beschleunigung der Entscheidungsfindung mit sich bringt: So hatten beispielsweise auch Befragte, die ihren alten Pass gern behalten hätten, einen kurzen Entscheidungsprozess, und umgekehrt. Eine vertiefte biografische Betrachtung der Entscheidungsfindung erlaubte des weiteren Einblicke in die Rolle von sozialen Verkehrkreisen, der Familie, Freunden oder der ethnischen Gemeinschaft. Hier zeigt sich, dass zum Beispiel innerhalb einer Familie der Diskurs zum Thema Einbürgerung eine Offenlegung der verschiedenen Positionen und damit einen Bewusstwerdungsprozess in Gang setzt, der letztlich nicht nur den Widerstand gegenüber der Einbürgerung der Befragten schmelzen ließ, sondern sogar in einer Ketteneinbürgerung der gesamten Familie resultierte.

Wie verläuft das Verwaltungsverfahren?

Im Verwaltungsverfahren haben die Einbürgerungskandidaten einerseits Kontakt mit der deutschen Behörde, andererseits mit Behörden des Herkunftslandes (außer diejenigen, die aufgrund ihres Rechtsstatus keine Ausbürgerungsbemühungen nachweisen müssen). Der Kontakt mit der deutschen Behörde ist für die große Mehrheit unserer Befragten positiv verlaufen, sie empfanden die jeweiligen Beamten als freundlich und korrekt im Umgang. Die Abgabe des alten Passes hat für die Mehrzahl der Interviewpartner kein emotionales Problem dargestellt, wahrscheinlich auch deshalb, weil sie diese Frage schon im Entscheidungsprozess mit sich ausgemacht haben. Eine kleinere Gruppe hatte aber auch negative Gefühle von »Verrat« bzw. Wehmut beim Verlust ihres alten Passes; im Einzelfall können diese Verlustgefühle sehr intensiv vorhanden sein, wie die vertiefte Auswertung deutlich machte. Es gibt aber auch Befragte aus problematischen Herkunftsländern, die geradezu froh waren, ihre alte Staatsangehörigkeit loszuwerden.

Emotionale Aspekte sind ein wichtiger Teil des Einbürgerungsprozesses. Als Ergebnis der Globalanalyse wurden Ängste der befragten Personen entdeckt, die verstärkt während des Entscheidungsprozesses und während des Verwaltungsverfahrens auftraten. Die Analyse ausgewählter Einzelfälle zeigt, dass vor dem jeweiligen biografischen Hintergrund die Antragstellung selbst, die Erfüllung der formalen Voraussetzungen, wie zum Beispiel das Bestehen des Sprachtests, oder der Kontakt mit den Behörden des Herkunftslandes Nervosität und Verunsicherung verursachten, die sich teilweise durch direktes Erzählen, teilweise durch große Erleichterung über den Abschluss des Verfahrens äußerten. Durch die Freundlichkeit der Beamten in der Behörde am Untersuchungsort wurde jedoch anfänglichen Bedenken und Verunsicherungen durch intensive Beratung und Hilfestellung entgegengewirkt, so dass das Verfahren selbst in den meisten Fällen weitgehend angstfrei abgewickelt werden konnte.

Wie wird der Vollzug der Einbürgerung erlebt?

Bei der Mehrheit der befragten Personen verlief der Vollzug der Einbürgerung im Rahmen des üblichen bürokratischen Aktes in der Einbürgerungsbehörde, also ohne besondere Feierlichkeiten. Viele der befragten Personen hatten in der Situation selbst spontane positive Gefühle und/

oder beschrieben das Ereignis auch im Rückblick positiv. Sie empfanden Freude, Stolz oder sogar Gefühle »wie Weihnachten« und feierten teilweise das Ereignis anschließend im Familienkreis oder mit Freunden. Nur eine kleine Gruppe brachte den Einbürgerungsvollzug mit negativen Gefühlen in Verbindung und war vor allem enttäuscht über den unfeierlichen Verlauf des Einbürgerungsaktes. Einzelne Personen hatten beim Einbürgerungsvollzug ambivalente Gefühle: Sie freuten sich einerseits, das Verfahren abgeschlossen und den Schritt endgültig vollzogen zu haben, unter die Freude mischten sich allerdings auch negative Gefühle unterschiedlicher Art (Zweifel, Gedanken an Verrat am Herkunftsland oder Unsicherheit über neu entstandene Pflichten).

8. Christian Pfeiffer (u.a.): Migration und Kriminalität – Die Bedeutung von sozialen und schulischen Rahmenbedingungen
(Auszug)

Bei der Suche nach Erklärungen für die auftretenden Unterschiede in der Gewaltbelastung der verschiedenen ethnischen Gruppen hat das KFN [Kriminologisches Forschungsinstitut Niedersachsen] sich zunächst an den Erkenntnissen orientiert, die sich bei früheren Untersuchungen als zentrale Einflussfaktoren herauskristallisiert hatten. So war bei einer vergleichenden, internationalen Studie, die Pfeiffer zur Jugendgewalt in zehn europäischen Ländern und den USA durchgeführt hatte, erkennbar geworden, dass der Kombination zweier Faktoren für das Ausmaß der Jugendgewalt zentrale Bedeutung zukommt: Dem Bildungsniveau der Jugendlichen sowie der Betroffenheit der Familien durch Arbeitslosigkeit oder Armut.

[...]

Die KFN-Daten stimmen weitgehend mit den Ergebnissen der PISA-Studie aus dem Jahr 2000 überein. So ist zu beobachten, dass von den Jugendlichen mit türkischem Hintergrund lediglich 9 Prozent das Gymnasium besuchen. Auf der anderen Seite sind 13,6 Prozent am Ende einer erfolglosen Schulkarriere ohne Abschlusszeugnis im Berufsvorbereitungsjahr gelandet. Die Gegengruppe bilden am anderen Ende der Skala die einheimischen deutschen Befragten, von denen 38 Prozent das Gymnasium besuchen und nur 4,2 Prozent ein Berufsvorbereitungsjahr absolvieren. Auffallend sind ferner die großen Unterschiede, die sich im Vergleich von Aussiedlern aus der GUS und denen aus anderen Gebieten (vornehmlich aus Polen) ergeben. Letzteren ist es gelungen, sich hervorragend in unser Bildungssystem zu integrieren. Eine Erklärung könnte hierfür sein, dass polnische Aussiedler nach ihrer Einreise sehr häufig den Kontakt zu katholischen Gemeinden suchen und nicht das Bestreben haben, primär mit anderen Migranten aus Polen zusammenzuleben. Völlig anders verhalten sich dagegen die Aussiedler aus GUS-Staaten, für die typisch ist, dass sie nach ihrer Ankunft meist bemüht sind, sich dort anzusiedeln, wo bereits andere Aussiedler leben. Letzteres hat sich vielfach als ausgesprochen integrationsfeindlich erwiesen.

Die Unterschiede zur Bildungsintegration der verschiedenen ethnischen Gruppen fallen teilweise noch gravierender aus, wenn wir zusätzlich nach dem Geschlecht der Befragten differenzieren. Die dazu im Anhang abgedruckten Tabellen weisen beispielsweise aus, dass im Jahr 2000 in den untersuchten Städten und im Landkreis Friesland von den einheimischen deutschen Mädchen 50,7 Prozent das Gymnasium oder eine Integrierte Gesamtschule besucht haben. Von den Mädchen aus Aussiedlerfamilien der GUS-Staaten waren es 42,9 Prozent, von den eingebürgerten türkischen Mädchen 38,7 Prozent. Dem stehen bei den

Jungen erheblich größere Unterschiede der Bildungsintegration gegenüber: Deutsche im Gymnasium oder in der IGS 44,5 Prozent, Aussiedler aus GUS-Staaten 25,3, eingebürgerte Türken 24,3 Prozent. Aus den Zahlen wird überdies deutlich, dass die Mädchen in allen ethnischen Gruppen besser in das Schulsystem integriert sind als die Jungen, wobei die geschlechtsspezifischen Unterschiede bei beiden Gruppen der Aussiedler wie auch bei den Türken erheblich deutlicher ausfallen als etwa bei den einheimischen Deutschen. Auch dies trägt dazu bei, dass sich im Vergleich der ethnischen Gruppen zu den Jungen stärker ausgeprägte Divergenzen zur Gewaltdelinquenz zeigen als zu den Mädchen.

Doch nicht nur im Hinblick auf das Bildungsaspirationsniveau unterscheiden sich jugendliche Migranten ganz erheblich von den einheimischen Deutschen. Auch im Hinblick auf den zweiten oben genannten Faktor, die Armutsbelastung, sind Migranten [...] erheblich häufiger betroffen. Um die Kombination beider Faktoren in ihrer Bedeutung für Jugenddelinquenz zu illustrieren, wurden sie zu einem kategorialen Indikator zusammengefasst, der nach günstigen, mittleren oder ungünstigen Lebensbedingungen unterscheidet. Den starken Einfluss, den diese Kombination von sozialer Lage und Bildungssituation auf die Gewaltdelinquenz der Jugendlichen hat, demonstriert die nachfolgende Abbildung.

Raten der Mehrfachtäter von Gewalt (fünf und mehr Delikte) in den letzten zwölf Monaten nach sozialen Lebensbedingungen und Geschlecht (KFN-Schülerbefragung 2000)

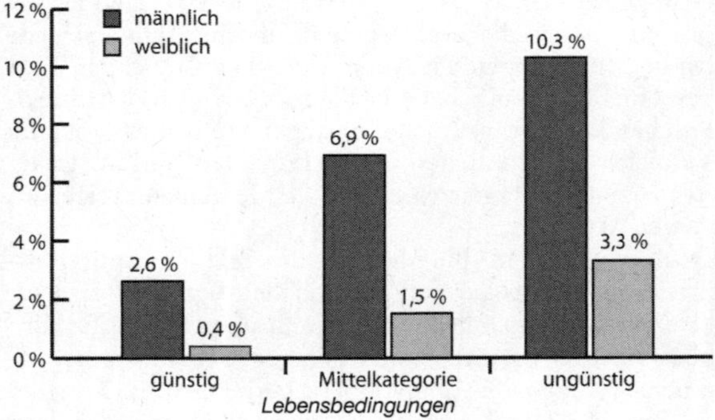

Die Abbildung zeigt, dass Jugendliche, die unter ungünstigen Lebensbedingungen aufwachsen, viermal so häufig in die Gruppe der Mehrfachtäter von Gewalt geraten wie solche Schüler und Schülerinnen, deren Lebensbedingungen als günstig einzustufen sind.

9. Christian Pfeiffer (u. a.): Migration und Kriminalität – Die Bedeutung der innerfamiliären Sozialisation
(Auszug)

Der bisherige Erklärungsansatz, wonach den sozialen Lebensbedingungen zentrale Bedeutung für die Häufigkeit der Gewaltdelinquenz zukommt, hat sich auch bei multivariaten Analysen bestätigt. Gleichzeitig ist aber deutlich geworden, dass es weitere Faktoren geben muss, die für die beobachteten Unterschiede der Gewaltbelastung der verschiedenen ethnischen Gruppen verantwortlich sind. Dies wird bereits daran erkennbar, dass auch die eingebürgerten jungen Türken eine hohe Täterrate aufweisen, obwohl sie im Vergleich zu den Jugendlichen türkischer Nationalität [...] unter erheblich günstigeren Lebensbedingungen aufwachsen. Ferner hat eine detaillierte Analyse der KFN [Kriminologisches Forschungsinstitut Niedersachsen]-Schülerbefragung 1998 ergeben, dass selbst bei Kontrolle der Entwicklungsoptionen Unterschiede in der Gewaltdelinquenz verschiedener ethnischer Gruppen bestehen bleiben. Es sind lediglich die Abstände geringer geworden.

Die multivariate Datenanalyse des KFN hat gezeigt, dass neben den Lebensverhältnissen, unter denen die Jugendlichen aufwachsen, die spezifischen Sozialisationsbedingungen in ihrer Familie für das Ausmaß der Gewaltdelinquenz von erheblicher Bedeutung sind. Je häufiger und intensiver Kinder und Jugendliche innerfamiliärer Gewalt ausgesetzt sind, umso höher steigt ihr Risiko, selbst gewalttätig zu werden. Von entscheidender Bedeutung ist ferner das Ausmaß von elterlicher Zuwendung und Supervision. Die multivariaten Analysen widersprechen damit klar den Thesen von Harris, wonach elterliches Verhalten wenig dauerhafte Wirkungen auf die Entwicklung der Kinder haben soll.

[Es zeigt sich], dass sich im Hinblick auf die elterliche Gewalt, der die befragten Schüler und Schülerinnen in ihrer Kindheit ausgesetzt waren, gravierende Unterschiede im Vergleich der ethnischen Gruppen ergeben. Auf der einen Seite stehen die deutschen Jugendlichen ohne Migrationshintergrund, von denen lediglich 6,6 Prozent angaben, in der Kindheit misshandelt worden zu sein. Das andere Extrem bilden die Gruppen mit türkischem Hintergrund, von denen jeder Vierte (bei den türkischen Ausländern) bzw. jeder Fünfte (bei den Eingebürgerten) entsprechende

Gewalterfahrungen angegeben hat. Auch zu den anderen Gruppen von Ausländern zeigen sich mit Ausnahme derer, die aus Südeuropa zugewandert sind, durchweg Misshandlungsraten von über 11 Prozent.

[...]

Ähnlich große Unterschiede zeigen sich zu der Frage, ob die Jugendlichen im Jahr vor der Datenerhebung Misshandlungen oder schweren Züchtigungen ausgesetzt waren. Die Extremgruppen bilden erneut die einheimischen Deutschen mit der niedrigsten Misshandlungsrate von 3,4 Prozent und ausländische Türken, von denen 15,9 Prozent die entsprechende Frage bejaht haben. Auch zu den eingebürgerten Türken und zu Jugendlichen aus dem früheren Jugoslawien ergeben sich mit 11,6 Prozent und 7,7 Prozent sehr hohe Quoten. Im Vergleich der Befragungen von 1998 und 2000 kann allerdings festgestellt werden, dass die Befragten des Jahres 2000 deutlich weniger von Züchtigungen oder Misshandlungen in der Familie berichtet haben. Allerdings war bei den einheimisch Deutschen dieser Rückgang weit stärker ausgeprägt, als bei anderen ethnischen Gruppen. So ging dort die Rate schwerer elterlicher Gewalt (Züchtigung oder Misshandlung) um 30 Prozent zurück, während sie in den türkischen Familien nur um 15 Prozent abnahm.
Von erheblicher Bedeutung für das eigene Verhalten der Jugendlichen ist nach den Erkenntnissen des KFN schließlich die Frage, ob die Jugendlichen im Jahr vor der Befragung erlebt haben, dass die Eltern Konflikte untereinander mit Gewalt austragen. Das Spektrum der Antworten reicht hier von 7,8 Prozent der deutschen Jugendlichen, die häufig oder selten Zeuge solcher Auseinandersetzungen waren, über 11,2 Prozent bei den Jugendlichen aus Südeuropa und 17,3 Prozent bei den Aussiedlern aus der GUS bis zu 31,3 Prozent bei ausländischen Türken.

10. Christian Pfeiffer (u. a.): Migration und Kriminalität – Die »Kultur der Ehre« als weiterer Einflussfaktor für männliche Gewaltdelinquenz
(Auszug)

Die Datenanalyse des KFN [Kriminologisches Forschungsinstitut Niedersachsen] hat sich ferner der Frage zugewandt, warum sich zu den Jugendlichen aus verschiedenen ethnischen Gruppen sowohl zur Rate der Mehrfachtäter sowie zur Quote der Mitglieder von sehr devianten Cliquen im Vergleich von Jungen und Mädchen erheblich größere Unterschiede ergeben als bei einheimischen deutschen Jugendlichen. Die Frage erscheint auch deshalb relevant, weil sich gezeigt hatte, dass die im Vergleich der weiblichen Jugendlichen aus verschiedenen Ethnien auftretenden Unterschiede verschwinden, wenn man sozialstrukturelle Variablen kontrolliert. Bei den männlichen Jugendlichen war das nur teilweise der Fall.
Bei der Suche nach Gründen für die Höherbelastung männlicher Migranten zeigte sich im Rahmen der Schülerbefragung 2000, dass die Identifikation mit bestimmten Männlichkeitsbildern bei jugendlichen Migranten hohe Bedeutung für ihre Einstellungen zu Gewalt und auch für das Auftreten von Gewaltdelinquenz hat. Je mehr die Befragten so genannten »gewaltlegitimierenden Männlichkeitsnormen« (GLMN) zustimmen, desto höher fiel ihre Bereitschaft aus, Gewalt als legitime Lösungsstrategie von Konflikten einzusetzen. Dies zeigt sich in einem starken hochsignifikanten ($r = .66$; $p < .001$) Zusammenhang von gewaltlegitimierenden Männlichkeitsnormen (GLMN) und gewaltbefürwortenden Einstellungen (GBE), die in der Schülerbefragung 2000 ebenfalls erhoben wurden.
Für dieses Phänomen wird in der Wissenschaft auch der Begriff »Kultur der Ehre« verwendet. Nisbett und Cohen haben 1996 mit diesem Terminus umschrieben, dass sich in bestimmten Kulturen mit eher schwach ausgebildeter

Rechtsordnung für die Männer die Verpflichtung ergibt, die eigene Familie und den eigenen Besitz selbsttätig und unter Einsatz von Gewalt zu schützen. Unter solchen Rahmenbedingungen entwickeln sich sehr traditionelle Männlichkeitsbilder, um diesen äußeren Widrigkeiten besser entgegentreten zu können. Die beiden amerikanischen Soziologen konnten zeigen, dass eine besondere »Kultur der Ehre« in agrarisch geprägten Regionen anzutreffen ist, in denen staatliche Strukturen zum Schutz von Eigentum und persönlicher Sicherheit nur schwach ausgeprägt sind. Als Angriff auf den zu verteidigenden persönlichen Schutzbereich gelten hier schon kleinere Vorfälle, denen die männlichen Familienmitglieder frühzeitig begegnen müssen, um sich, ihre Familie und ihr Eigentum nicht als leicht angreifbares Ziel zu entblößen. Gilmore weist ferner darauf hin, dass sich in einer »Kultur der Ehre« die Verhaltensnormen auf die Definition dessen stützen, was »einen echten Mann« ausmacht. Das bedeutet aber auch, dass in einer »Kultur der Ehre« verschiedene Delikte ganz unterschiedlich bewertet werden. So gilt hier ein Eigentumsdelikt als ein sehr ernst zu nehmender Normbruch, während die Nutzung von Gewalt zur Abwehr von Gefahren und zur Lösung von Konflikten viel eher als legitim eingeschätzt wird. Wenn derartige Normen einmal in kulturell definierte Geschlechterrollen integriert sind, neigen sie dazu, sich selbst zu erhalten. Sie bestimmen, was ein reputierlicher Mann zu tun hat. Auch Frauen neigen in einem solchen Umfeld dazu, diese Normen zu teilen, selbst wenn sie das, was die »Kultur der Ehre« verlangt, nicht in demselben Maße und ebenso direkter Weise wie die Männer ausagieren.

In der nachfolgenden Abbildung [...] wird dargestellt, in welchem Ausmaß die Jugendlichen aus den verschiedenen ethnischen Gruppen sich mit acht normativen Verhaltensweisen identifiziert haben, zu denen von ihnen im Rahmen der Befragung auf einer Punkte-Skala eine Bewertung erbeten worden war.

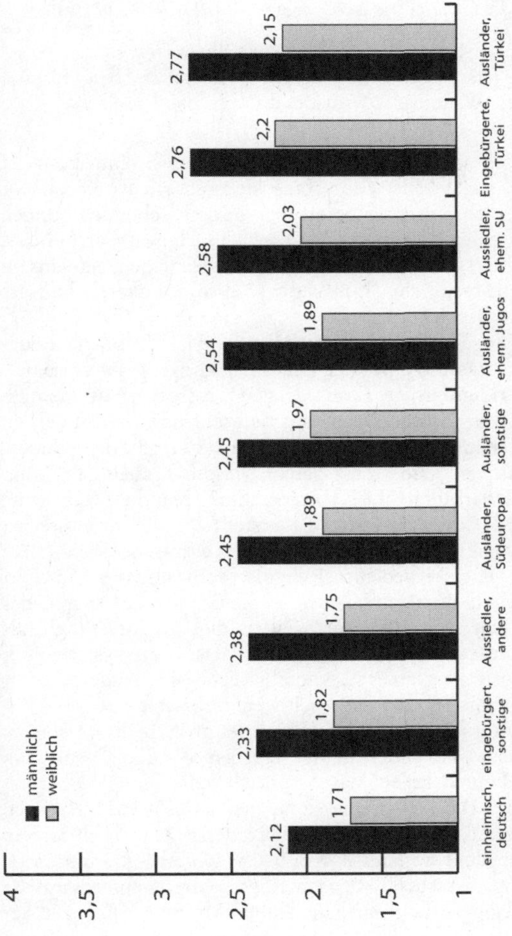

Zustimmung zu gewaltlegitimierenden Männlichkeitsnormen (GLMN) nach Ethnie (1=»stimme gar nicht zu«; 4=»stimme völlig zu«); KFN-Schülerbefragung 2000

11. Christiane Schlötzer: Auf den Kopf gestellt

Unterm Tuch blüht das Selbstvertrauen:
Eine neue Studie über religiöse Türkinnen in Deutschland widerlegt so manches konservative Klischee

Gesehen in einem Istanbuler Linienbus: Die Frau ist schön, sogar sehr schön. Und sie trägt ein Kopftuch. Sie dreht sich um und fragt den gut aussehenden jungen Mann einen Sitz hinter ihr nach der Haltestelle soundso. Er erklärt, lächelt. Später steigen die beiden gemeinsam aus. Die weibliche Anmache war absolut kokett – und das mit Kopftuch.

Das gängige Tuch-Muster geht so: Die weibliche Bedeckung ist ein Symbol der Unterdrückung, Ausweis sexueller Verklemmtheit, Protest gegen westlichen Sittenverfall. Eine neue Studie über kopftuchtragende Türkinnen in Deutschland muss deshalb all jene verwirren, die glauben, sie wüssten schon ganz genau, warum Frauen Haar und Haupt verhüllen. Die Untersuchung hat die CDU-nahe Konrad-Adenauer-Stiftung erstellt und im Internet (www.kas.de) veröffentlicht, was überrascht, wenn man die Ergebnisse bedenkt. Religiöse Türkinnen in Deutschland (und nur um sie geht es in der Studie) tragen das Kopftuch zu 97 Prozent, weil sie dies für ihre Pflicht als Muslima halten, unberührt davon, dass die Auslegung des Koran dazu keineswegs einheitlich ist. Bruder, Vater, Ehemann sind aber entgegen weit verbreiteter Ansicht dafür kaum verantwortlich. Eine viel größere Rolle spielen weibliche Vorbilder in der eigenen Familie. Neun von zehn Frauen sagen, das Kopftuch gebe ihnen Selbstvertrauen. »Dies benötigen sie auch«, schließen die Autoren der Studie, denn über die Hälfte der Frauen fühlt sich in Deutschland wegen des Kopftuchs bei Arbeits- und Ausbildungsplatzsuche benachteiligt. Abgrenzungswünsche sind dagegen kein entscheidendes Motiv: 85 Prozent der

Frauen sind auch mit Geschlechtsgenossinnen befreundet, die kein Kopftuch tragen.
Dies alles ist zwar überraschend, eine echte Herausforderung für ein konservatives Gesellschaftsbild aber sind andere Erkenntnisse, die ganz und gar nicht zu der bekannten Vorstellung passen, dass Frauen mit Kopftuch eigentlich Frauen ohne Kopf seien. Wichtiger als Heim und Heirat ist den Türkinnen »sich als freier Mensch zu fühlen«, und sie wollen es in großer Mehrheit »im Leben auch zu etwas bringen«. Ein Vergleich mit einer Infratest/dimap Wertestudie aus dem Jahr 2005 zeigt auffällige Gemeinsamkeiten mit deutschen Frauen hinsichtlich Partnerschaft und Kinderwunsch. Und dass Männer für Hausarbeit nicht taugen würden, glaubt selbst die Mehrheit der religiösen Türkinnen nicht mehr.
Acht von 16 Bundesländern verbieten bereits Lehrerinnen das Kopftuchtragen. Allen Gesetzen liegt die Auffassung zu Grunde, dass Kopftücher Ausweis patriarchalischer Unterdrückung oder Beleg für muslimischen Fundamentalismus seien. Die Studie belegt dies an keiner Stelle. Repräsentativ ist sie nicht, wie die Autoren vorausschicken. Aber sie ist umfassender als alle bisherigen Untersuchungen zu dem Thema, was die Frage aufwirft, warum sich niemand die Mühe gemacht hat, die Motive der Frauen genauer zu erforschen – wohl weil zu viele glaubten, schon alles zu wissen. 315 Türkinnen zwischen 18 und 40 Jahren wurden im Auftrag der Adenauer-Stiftung von zweisprachigen Interviewerinnen befragt. Gefunden haben sie die Frauen in ausgewählten Moscheegemeinden, liberalen wie solchen, die vom Verfassungsschutz beobachtet werden, in Hamburg, im Rheinland, in Berlin und Stuttgart.
Unabhängig davon, ob sie nun die deutsche Staatsbürgerschaft besitzen oder nicht, wünschen sich 90 Prozent der Frauen eine demokratisch gewählte Regierung, nur jede zehnte träumt vom Gottesstaat. Allerdings sind 32 Prozent

der Meinung, dass ihr Glaube anderen Religionen überlegen sei. Solche Auserwähltheitsgefühle sind bei religiösen Türkinnen stärker ausgeprägt als bei ihren weniger gläubigen Landsleuten. Hier wollen die Wissenschaftler nun weiterfragen. Sie interessieren sich dafür, was in deutschen Moscheen gepredigt wird, und sie plädieren mit Nachdruck für einen Islamunterricht an öffentlichen Schulen.
Das ist politisch brisant. Die deutsche Gesellschaft müsse sich darauf einstellen, dass religiöse Türkinnen »Teil von ihr sind«, sagen die Forscher. Mit einer reinen Antihaltung gegen das Kopftuch sei wenig zu gewinnen. Auf CDU-Parteilinie liegt die Stiftung damit nicht.
Es gibt auch andere Gründe, ein Kopftuch zu tragen. Sie haben weniger mit Tradition, aber viel mit Politik zu tun. Von solchen Verschleierungszwängen spricht die Studie nicht. Sie sind ganz offensichtlich für die Türkinnen in unserem Land nicht relevant. Und das ist auch ein gutes Ergebnis.

12. Feridun Zaimoglu: Mein Deutschland

Warum die Einwanderer auf ihre neue Heimat stolz sein können

Jetzt melden sich wieder die zu Wort, die nichts verstanden haben. Jene Konservativen, die so tun, als könne man die Einwanderung rückgängig machen. Und jene Linken, in deren Augen schon die Beschreibung der Probleme, die Einwanderer verursachen, Fremdenfeindlichkeit schürt. Nur wir, die Kinder der Migranten, haben keine Stimme. Dabei könnten wir einiges klarstellen. Kaum zu glauben, dass die *ZEIT* mir, dem im anatolischen Bolu geborenen Sohn eines Metallarbeiters und einer Putzfrau, die Spalten des Leitartikels anbietet.

Die Kulturkämpfer in allen politischen Lagern müssen begreifen: Man bringt Deutschland nicht voran, wenn man die so genannten Ausländer (sie verdienen dieses Etikett längst micht mehr) ausgliedert. Längst wird frei und geradeheraus über das Wie der Einwanderung, des Ankommens und Dableibens gesprochen. Und da zählt vor allem der Ton: Bei aller Liebe zum Tabubruch sollte man sich nicht über die Regeln des Anstands, wie sie unter Bürgern ein und desselben Landes gelten sollten, hinwegsetzen: Wer heute Dekrete bellt, wird morgen an den gemischtethnischen Stammtischen der Nation selbst keinen Platz mehr finden.

Wir sind der Hysteriker und ihrer Mythen müde und wünschen uns, dass man Hoffnung macht und Kraft spendet. Die Einwanderer wollen ihre Integrations- oder einfach ihre Arbeitsleistung gewürdigt wissen. Einwanderung ist eben auch eine Herzenssache. Sage niemand, ein paar warme Worte täten ihre Wirkung nicht. Das kann man erst wissen, wenn man es mal probiert hat und nicht nur mit Ausweisung und Strafe droht.

Ja, Migration ist auch eine Zumutung, für die Einheimischen wie für die Zugewanderten. Gerade deshalb gilt es heute gegenzuhalten. Schließlich beginnt die Geschichte der Einwanderung, eine Erfolgsgeschichte zu werden. Mehr und mehr Zugezogene dringen vor in die Spitzen der Gesellschaft, tragen wirtschaftlich und kulturell etwas bei, das sich vorzeigen lässt. Und ihr Erfolg wirkt zurück, etwa auf die jungen Türken. Wer noch mehr von den Einwanderern fordert, hat dennoch Recht – wer von der Migration als einem Totalfiasko spricht, verfälscht die Bilanz.

Allerdings steht nirgendwo geschrieben, dass es automatisch besser wird. Es sind unsichere Zeiten angebrochen in Deutschland, die Arbeit ist internationalisiert, der raue Wind des schrankenlosen Wettbewerbs weht die motivierten, aber unqualifizierten Söhne unqualifizierter Gastarbeiter aus den Firmen und Betrieben auf die Straße. In den so genannten Türkenvierteln, die als Parallelgesellschaft in Verruf geraten sind, gibt es für die jungen Hauptschulabgänger kaum Arbeit und Anstellung. Da es diese nicht gibt, nicht einmal für deutschstämmige Jugendliche, bleiben die jungen Türken im sicheren Hinterland. Doch sie würden sich in Bewegung setzen lassen, sie sind mobil, und man kann sie herauslocken aus jenen Reservaten, die den deutschen Konservativen so unheimlich sind, es braucht eben Jobangebote und Lehrstellen.

Die verfemten Multikulturellen – das sind vor allem Lehrer und Sozialarbeiter – sind geschult an der bitteren Realität. Dabei haben sie gelernt, sich wendig und multifunktional zu verhalten: Sie leisten in den Migrantenmilieus Aufbauarbeit, sie geben unentgeltlich Nachhilfeunterricht, ebenjenen Kindern aus der Unterschicht, die heute von sich reden machen.

Was können die Jungen selbst tun, wenn sie ausbrechen wollen aus den engen Verhältnissen? Die pubertierenden jungen Wilden wissen sehr gut, dass Geld Probleme löst. Der wahre Ausstieg aus der Unterschicht und der Aufstieg in das Bildungs- und Besitzbürgertum kosten Kraft und Nerven – und den Abschied von der kurzfristigen Überlebensstrategie. Als Vorbild taugen die Frauen der ersten Generation. Sie sind die türkischen, kurdischen, arabischen Trümmerfrauen, sie haben das Unmögliche geschafft und die Familien in sehr harten Zeiten zusammengehalten. Die Töchter setzen diese Traditionslinie fort. Sie vergeuden ihr Potenzial und ihre Reserven nicht in Ehrenhändeln und Schlägereien. Sie werden einen Großteil der künftigen fremddeutschen Elite bilden.

Natürlich hilft guter Wille allein nicht. Man muss unmissverständliche Leitregeln für alle Beteiligten aufstellen. Zum einen: Gewalt führt ins Abseits. Messer gehören in die Hand von Metzgern und Schächtern, es lassen sich damit sonst nur billige Augenblickstriumphe erdrohen. Zum anderen: Achtung zu haben ist das moralische Gebot der

Stunde. Spätestens jetzt sollte man sich von dem Begriff »Respekt« verabschieden. Er ist zur hohlen Phrase von Vorortschlägern verkommen, die ihn benutzen, um ihre Rücksichtslosigkeit zu legitimieren. Lehrerinnen und Lehrer sind Respektspersonen – wie in den Herkunftsländern der ausländischstämmigen Kinder auch.

Die türkischen Verbände müssen sich den Vorwurf gefallen lassen, dass sie Bildung und Kultur nur ungenügend vermittelt haben. Aber die Mehrheit der Migranten verlangt nach konkreten Vorschlägen, es herrscht – wie sonst nur zu Beginn der Einwanderung – mitunter sogar eine Aufbruchstimmung. Tatsächlich kann man stolz sein auf die deutschen Verhältnisse. Die vermeintlichen multikulturellen Musterländer wie Holland und Frankreich sind abgebrannt.

Wir alle haben eine gemeinsame Sprache. Ich will Türken in Massen sehen, die deutsche Fahnen schwenken. Das wäre keineswegs eine übersteigerte patriotische Geste. Gerade die Menschen aus dem Volk würden das als ein schönes, symbolisches Bekenntnis begreifen. Auf Ehre und Gewissen kann man die Zugewanderten, die Töchter und die Söhne, auf einen gemeinsamen Eid verpflichten. Sie gehören dazu, sie sind keine Fremdkörper, sie werden nicht ihrem Schicksal überlassen.

Es wird in Deutschland keinen Euroislam geben. Im nächsten Jahrzehnt wird sich vielmehr ein deutscher Islam herausbilden, eine Laienbewegung von Muslimen, die hier geboren und aufgewachsen sind. Sie werden eher dazu imstande sein, auf die Ängste der Anwohner einzugehen, die sich von einer Moschee in ihrer unmittelbaren Nähe nichts Gutes versprechen. Die Muslime haben, wenn sie sich zu Recht und Freiheit bekennen, ein berechtigtes Anliegen: Ihr Glaube muss sichtbar werden, sie haben lange genug in Hinterhöfen ausgeharrt.

Jobs, Regeln, Deutsch und freie Religion – das sind die Säulen einer neuen deutschen Gesellschaft. Der Aktionsplan dafür sieht so aus: zunächst ein emotionaler Appell auf hoher Ebene vom Innenminister, noch besser von der Bundeskanzlerin. Womöglich muss die Rede mit türkischen Untertiteln versehen sein. Zusammenarbeit mit der auflagenstärksten türkischen Zeitung *Hürriyet*. Die Bildungsoffensive muss die türkischen Haushalte, also die Eltern erreichen. Mehr Geld – natürlich –, damit die Kinder Deutschkurse bereits im Vorschulalter erhalten.

Es stimmt schon: Die Einheit ist noch nicht vollendet. Die heute lebenden Westdeutschen, Ostdeutschen und Fremddeutschen sind vielleicht nur Vorfahren des eigenartigen Volkes, das wir in dreißig Jahren abgeben werden. Dann wird zusammenwachsen, was zusammengehört.

Arbeitsaufträge

1. Die verlorene Heimat – verloren in der Heimat?

1.1. Arbeitsaufträge zu den Texten allgemein

a) Klären Sie, in welchen Ländern und zu welcher Zeit die Geschichten spielen bzw. aus welchen Ländern die Autorinnen und Autoren stammen.
b) Verschaffen Sie sich einige Überblicksinformationen über diese Länder und die dort herrschenden politischen Verhältnisse.
c) Welche menschlichen Probleme bzw. welche Formen der Unterdrückung und des Leids stellen die Texte dar?
d) Erstellen Sie eine Übersicht über Gründe, die Menschen dazu bewegen, ihre Heimat zu verlassen. Beziehen Sie bei dieser Zusammenstellung neben den Texten aus Kapitel I auch die Informationen mit ein, die in Kapitel V gegeben werden.

1.2. Arbeitsaufträge zu einzelnen Texten

1.2.1. *Ismet Elçi: Sinan ohne Land oder Memo, mein Vater* (I.1)

a) Wie schildert der Ich-Erzähler sein Dorf? Welche Haltung hat er dazu?
b) Welche Verhaltensweisen gegenüber Kindern und Frauen zeigt der Vater? Welche Erklärungen (auch über den Text hinaus) lassen sich dafür finden?
c) Welche Einstellung entwickelt der Erzähler zu seinem Vater?
d) Klären Sie anhand der Ausführungen von Pfeiffer [u. a.] (Texte V.8 bis V.10) die grundsätzliche Bedeutung der innerfamiliären Sozialisation.

1.2.2. *Melek Baklan: Ich wurde zur Frau erzogen!* (I.2)

a) Wie bestimmt der »Erzeuger« die Stellung einer Frau in der Gesellschaft, ihre Pflichten und die Erwartungen ihr gegenüber?
b) Wie rechtfertigt er seine Ansichten und mit welchen Vergleichen veranschaulicht er diese?
c) Wie charakterisiert die Erzählerin ihre Beziehung zum Vater? Welche sprachlichen Mittel verwendet sie dazu?
d) Hemmnisse für Entfaltungsmöglichkeiten einer Frau in unserer Gesellschaft: Verfassen Sie eine Anklageschrift.

1.2.3. *Jusuf Naoum: Die verlorene Ehre* (I.3)

a) Beschreiben Sie, wie die Auseinandersetzung zwischen Naima und den beiden Männern verläuft, und erklären Sie diesen Verlauf.
b) In welcher Weise greift der Krieg tief in das Leben der Menschen und in ihre Beziehungen zueinander ein?
c) Vergleichen Sie den Vater Naimas mit dem der Erzählerin im Text von Baklan.
d) Warum verspürt Naima Ihrer Meinung nach am Ende der Geschichte zum ersten Mal Hass auf ihren Vater und wünscht sich den Tod?

1.2.4. *Saša Stanišić: Wie der Soldat das Grammofon repariert* (I.4)

a) Wie behandeln die Soldaten die Zivilisten?
b) Was meint Asija damit, dass es für sie vielleicht gut sei, jetzt falsch zu heißen?

1.2.5. *Said: grenzgänge* (I.5)

a) Welche Einzelheiten erzählt Said aus seiner Kindheit?

b) Wie passt Ihrer Meinung nach seine Einschätzung dieser Zeit als »behütet« dazu?
c) Welche Fragen würden Sie Said gerne zu seiner Kindheit stellen? Was veranlasst Sie zu diesen Fragen?

1.2.6. *Sergio Vesely: Zeig Würde, Mutter* (I.6)

a) Mit welchen Erwartungen konfrontiert das lyrische Ich seine Mutter? Wie werden diese Erwartungen sprachlich unterstrichen?
b) Wirken für Sie diese Erwartungen angemessen?
c) Verfassen Sie einen Brief, in dem die Mutter ihrem Sohn davon berichtet, wie es ihr geht und was sie unternimmt, wenn sie nach dem Gefängnisbesuch wieder zu Hause ist.

1.2.7. *Herta Müller: Franz und das Pferd Franz* (I.7)
Aglaja Veteranyi: Warum das Kind in der Polenta kocht (I.8)

a) Wie begründen die beiden Texte die Notwendigkeit auszuwandern?
b) Was bedeutet auswandern für die, die in der Heimat bleiben, und was für die, die ihre Heimat verlassen?
c) Inwiefern lässt die Ausgewanderten auch in ihrer neuen Umgebung das »alte« Leben nicht los?
d) Welche Bilder findet Veteranyi, um die Lebensverhältnisse in Rumänien und im neuen Land zu veranschaulichen?
e) Was meint Herta Müller mit der Feststellung: »Die fremden Albaner, das sind wir selber in anderen Lebensumständen«?

2. Leben im gelobten Land – Fremd unter Fremden?

2.1. Arbeitsaufträge zu den Texten allgemein

a) Wie erleben Migranten nach Wunderlich (Text V.7) den Vollzug der Einbürgerung und wie nehmen sie ihre Wirkung wahr?
b) Wie stellt Wunderlich die Einbürgerung aus der Sicht von Migranten dar?

2.2. Arbeitsaufträge zu einzelnen Texten

2.2.1. *Aras Ören: Plastikkoffer* (II.1)

a) Wie charakterisiert Ören den Koffer? Was veranschaulicht er damit?
b) Warum entscheidet er sich Ihrer Meinung nach für die in Vers 6–11 genannten Gegenstände?
c) Welche Dinge vermisst er Ihrer Meinung nach im letzten Teil, weil sie wichtiger gewesen wären?

2.2.2. *Aras Ören: Biographie* (II.2)

a) Welche Merkmale seiner Person stellt das lyrische Ich in den Vordergrund? Wie wirkt die Darstellung dadurch?
b) Das lyrische Ich nennt keine Gründe für das Exil, aber ein Datum. Versuchen Sie herauszufinden, was sich in dieser Zeit in der Türkei politisch ereignete.
c) Welche Haltung unterstellt der Text dem Leser im letzten Satz?

2.2.3. *Aglaja Veteranyi: Das Regal der letzten Atemzüge* (II.3)

a) Wie stellt die Erzählerin den Einbürgerungsprozess (in der Schweiz) dar und was möchte sie damit ins Bewusstsein rücken?

b) Recherchieren Sie im Internet veröffentlichte Einbürgerungstests. Prüfen Sie, ob die darin gestellten Fragen Ihrer Meinung nach im Hinblick auf eine Einbürgerung angemessen sind.
c) Welche Erfahrungen haben Sie oder andere Menschen, die Ihnen nahe stehen, mit Bürokratie gesammelt? Sehen Sie Berührungspunkte zu den im Text dargestellten Phänomenen?

2.2.4. *Sergio Vesely: Ordinäres Poem* (II.4)

a) Welchen Instanzen begegnet das lyrische Ich und wie bewertet es diese?
b) Welche Gründe gibt es Ihrer Meinung nach für diese Bewertungen?
c) Wie beurteilen Sie die Haltung des lyrischen Ichs gegenüber Deutschen? Berücksichtigen Sie bei Ihrer Stellungnahme auch die Hinweise von Wunderlich (Text V.7).

2.2.5. *Rafik Schami: Der Kummer des Beamten Müller* (II.5)

a) Beschreiben Sie die Einstellung des Beamten zu seinem Beruf und den Menschen, die zu ihm kommen. Vergleichen Sie Ihre Ergebnisse mit der Darstellung von Tanja Wunderlich (Text V.7).
b) Was sind die Gründe dafür, dass der Beamte seinen Beruf in der dargestellten Weise ausübt?
c) Was zeigen die Verhaltensweisen der Frau des Beamten und des Barkeepers?

2.2.6. *Gino Chiellino: Der hausgemachte Gastarbeiter* (II.6)

a) Welches Bild des Gastarbeiters entwirft der Erzähler?

b) Mit welchen erzähltechnischen und sprachlichen Mitteln arbeitet er?
c) Der Text stammt aus einer frühen Phase der Migration. Halten Sie die im Text enthaltene Kritik an der Einstellung und den Verhaltensweisen von Deutschen gegenüber Ausländern für noch immer aktuell?

2.2.7. *Alev Tekinay: Das Lachen* (II.7)

a) Vergleichen Sie die türkische und die deutsche Familie miteinander. Welche Merkmale der Deutschen werden hervorgehoben?
b) Wäre das Leben der Familie Hinterberger Ihrer Meinung nach anders, wenn sie eine »Heimat« hätte, in die sie zurück gehen könnte? Begründen Sie Ihre Auffassung.
c) Waren Sie schon einmal als Gast bei einem türkischen Fest eingeladen? Erzählen Sie. – Wenn nicht: Würden Sie gerne einmal dabei sein wollen? Warum?

2.2.8. *Waldemar Hermann: Palsanytsch* (II.8)

a) Welche Unterschiede zwischen der Beerdigung von Palsanytsch in Deutschland und einer solchen in Russland benennt Alexej?
b) Wie unterscheiden sich die anderen Trauergäste in ihrem Verhalten von Alexej?
c) Worunter leidet Alexej im neuen Land? Warum ist dies so?

2.2.9. *Herta Müller: Schmeckt das Rattengift* (II.9)

a) Welche Verhaltensweisen und Eigenarten deutscher Mitbürger gegenüber Ausländern unterzieht die Autorin einer Kritik?

b) Welche Erwartungen hinsichtlich einer humanen Behandlung von Ausländern verbergen sich in dieser Kritik?
c) Warum setzt sich die Autorin mit den Menschen aus der Ex-DDR im Zusammenhang mit der Ausländerproblematik auseinander?

2.2.10. *Zvonko Plepélic: mein saniertes Kreuzberg* (II.10)

a) Wie nimmt das lyrische Ich seine neue Heimat wahr?
b) Wie charakterisiert sich das lyrische Ich selbst? Was lässt sich daraus im Hinblick auf sein Befinden schließen?

2.2.11. *Ismet Elçi: Das Kopftuch* (II.11)

a) Warum kann der Vater nicht verstehen, dass Lale Ismael nicht heiraten will? Warum ist Lale anders?
b) Wie schafft es Lale, der Zwangsheirat zu entgehen, und welches Opfer muss sie dafür bringen?
c) Verfassen Sie eine Stellungnahme zum Thema »Kopftuch« oder zum Thema »Zwangsheirat«. Beziehen Sie dabei die Informationen aus dem Zeitungstext *Auf den Kopf gestellt* (Text V.11) und die Darstellung in Text V.10 mit ein.

2.2.12. *Eleni Torossi: Gespräch mit Carmine Chiellino* (II.12)

a) Inwiefern ermöglicht die Ankunft Eleni Torossis in Deutschland neben bedrückenden auch befreiende Erfahrungen?
b) Woher rührt ihre Selbständigkeit?

2.2.13. *Feridun Zaimoglu: Die Skinhead-Story* (II.13)

a) Wie verläuft der im Text dargestellte Prozess der Solidarisierung und des Rachefeldzugs?
b) Wie beurteilen Sie die Grundhaltung des Ich-Erzählers und die verschiedenen Reaktionen auf die auslösende Tat?
c) Warum verurteilt Zaimoglu in seinem Text *Mein Deutschland* (V.12) ein Verhalten, wie es die türkischen Jugendlichen in der *Skinhead-Story* zeigen?
d) Welche Verantwortung trägt die deutsche Gesellschaft nach Aussagen des Zeitungstextes *Kleine Revolution der Amtsstatistik* (V.2) für problematische Lebenswege von Migrantenkindern?
e) Diskutieren Sie Zaimoglus These: »Dann [in dreißig Jahren, Anm. der Hrsg.] wird zusammenwachsen, was zusammengehört« (Text V.12, am Ende). Wie beurteilen Sie seine Vorschläge zur Förderung von Integration?

3. Fragen nach der Identität – Fremd im eigenen Ich?

3.1. *Nelly Wacker: Geiseln jenes Krieges* (III.1); *Aras Ören: Zur Eigenen Vergangenheit die Tradition suchen* (III.2); *Sonntägliche Ermahnung* (III.3)

a) Inwiefern behandeln alle drei Gedichte die Frage nach der eigenen Identität?
b) Wodurch werden Antworten auf diese Frage erschwert?

3.2. *Ismet Elçi: Sinan ohne Land oder Memo, mein Vater* (III.4)

a) Wie versucht der Erzähler, seine innere Zerrissenheit zu veranschaulichen?

b) Wieso will der Erzähler beim Gedenken an seine Kindheit sterben und empfindet dabei zugleich Freude?

3.3. *Said: In Deutschland leben* (III.5)

a) Welche Erfahrungen macht Said mit seiner Vergangenheit?
b) Wie wirkt diese in sein neues Leben hinein?
c) Auf welches Dilemma möchte Said möglicherweise mit seiner Vermutung im letzten Abschnitt hinweisen?

3.4. *Selim Özdogan: Die Wahrsagerin* (III.6)

a) Welche Gründe veranlassen den Erzähler, zur Wahrsagerin zu gehen?
b) Wie reflektiert der Erzähler die Diskrepanz zwischen Vorhersagen und tatsächlich eintretenden Ereignissen?
c) Lässt sich die Anfälligkeit des Erzählers für das Wahrsagen mit seinen kulturellen Wurzeln begründen oder entspricht sie einer allgemeinen menschlichen Veranlagung?

3.5. *Zsuzsanna Gahse: Essig und Öl* (III.7)

a) Auf welche Erfahrungen des Fremdseins macht die Autorin aufmerksam?
b) Mit welchen sprachlichen Mitteln macht die Autorin diese bewusst?
c) Diskutieren Sie, ob ihre Wahrnehmung als Migrantin zugleich eine typische Erfahrung für Großstadtmenschen generell darstellt.

3.6. *Feridun Zaimoglu: Gottesanrufung I* (III.8)

a) Welches Ansinnen trägt Osman dem Erzähler vor?
b) Welche Bedenken äußert der Erzähler ihm gegenüber?
c) Bereiten Sie Fragen für ein Interview vor, das Sie mit einem (verheirateten) Paar durchführen möchten, welches unterschiedliche kulturelle Wurzeln besitzt. Führen Sie, wenn möglich, dieses Interview mit einem solchen Paar aus ihrem Freundes- oder Bekanntenkreis.

3.7. *Yoko Tawada: Eine leere Flasche* (III,9)

a) Welche Schwierigkeiten beschreibt die Autorin dabei, in der japanischen Sprache das richtige Wort für »ich« zu finden?
b) Womit hängen die Schwierigkeiten zusammen?
c) Was bedeutet das Wort »ich« für die Autorin nach ihrem Umzug nach Europa und welche Möglichkeiten ergeben sich für sie daraus?

4. Deutsch sprechen – Ankommen in der Sprache?

4.1. *Franco Biondi: Entstummung 1* (IV.1); *sprachfelder 3* (IV.2)

a) Vergleichen Sie die beiden Gedichte von Biondi miteinander.
b) Wie entwickelt sich darin die Wahrnehmung der Sprache?

4.2. *Myriam Fiorani-Muhm: Domina* (IV.3)

a) Wie charakterisiert die Autorin die deutsche Sprache und ihr Verhältnis zu dieser?
b) Welche Besonderheiten von Sprache allgemein hebt die Autorin hervor?

c) Diskutieren Sie in Ihrer Klasse, ob die Art und Weise, wie die Autorin die Sprache problematisiert, berechtigt ist.

4.3. *Emine Sevgi Özdamar: Mutterzunge* (IV.4)

a) Welches Dilemma benennt die Autorin mit der Feststellung, sie habe eine »gedrehte Zunge«?
b) Warum möchte sie sich auf die Suche nach ihrer »Mutterzunge« machen?

4.4. *Zé do Rock: the omas & the opas* (IV.5)

a) Welche familiären Hintergründe prägen den Autor?
b) Welche Feststellungen über Sprache allgemein und die deutsche Sprache im Besonderen trifft er?
c) Wie beurteilen Sie die kritische Haltung des Autors gegenüber der deutschen Sprache?

4.5. *Eleni Torossi: Gespräch mit Carmine Chiellino* (IV.6)

a) In welcher Weise wird Torossis Literatur durch das Schreiben in der deutschen Sprache beeinflusst?
b) Welchen Ursprung hat für die Autorin das besondere Engagement ausländischer Autoren?

4.6. *Yoko Tawada: Wolkenkarte* (IV.7)

a) Welche Unsicherheiten erzeugt die Verwendung bestimmter Wörter bei der Autorin?
b) Wie versucht die Autorin, ihre Unsicherheiten zu überwinden?

4.7. *Zafer Şenocak: Die andere Sprache leben* (IV.8)

a) Wie erlernt der Vater, wie der Autor die deutsche Sprache?

b) Welches Verhältnis hat der Autor als Erwachsener zur deutschen Sprache? Mit welchen Bildern veranschaulicht er dies?

4.8. *Feridun Zaimoglu: Kanak Sprak* (IV.9); *Nina Schürmann: Voll krass* (IV.10)

a) Wie beschreibt Zaimoglu den »Kanaken« und seine Sprache?
b) Welche Entwicklung im Sprachgebrauch stellt der Artikel *Voll krass* dar?
c) Stimmt die These, dass »Fragmente der Migrantensprache [...] auch von deutschen Jugendlichen übernommen« werden (Text IV.10), mit Ihren Erfahrungen überein?

Quellenverzeichnis

Melek Baklan

Ich wurde zur Frau erzogen! In: Luisa Costa Hölzl / Eleni Torossi (Hrsg.): Freihändig auf dem Tandem. Kiel: Malik, 1985. (**I.2**: S. 17–21)

Felix Berth

Kleine Revolution der Amtsstatistik. In: *Süddeutsche Zeitung* vom 6. Juni 2006. (**V.2**)

Franco Biondi

Entstummung 1. In: Ders.: Ode an die Fremde. Gedichte 1973–1993. St. Augustin: Avlos Verlag, 1995. (**IV.1**: S. 122) – sprachfelder 3. Ebd. (**IV.2**: S. 130)

Gino Chiellino

Der hausgemachte Gastarbeiter. In: Franco Biondi / Yusuf Naoum u. a. (Hrsg.): Im neuen Land. Bremen: Con-Verlag, 1980. (**II,6**: S. 30–32)

Ismet Elçi

Sinan ohne Land oder Memo, mein Vater. In: Ders.: Sinan ohne Land. Berlin: Verlag Clemens Zerling, 1988. (**I.1**: S. 6–11; **III.4**: S. 5 f.) – Das Kopftuch. Ebd. (**II.11**: S. 64–80)

Myriam Fiorani-Muhm

Domina. In: Luisa Costa Hölzl / Eleni Torossi (Hrsg.): Freihändig auf dem Tandem. Kiel: Malik, 1985. (**IV.3**: S. 76–77)

Zsuzsanna Gahse

Essig und Öl. Hamburg: Europäische Verlagsanstalt, 1992. (**III.7**: S. 9)

Petrus Han

Soziologie der Migration. Stuttgart: Lucius & Lucius, [2]2005. (**V.1**: S. 109; **V.3**: S. 230; **V.5**: S. 58)

Waldemar Hermann

Palsanytsch. In: Ders.: Das fremde Land in dir. Stuttgart: Kohlhammer, 1999. (**II.8**: S. 155–159)

Herta Müller

Franz und das Pferd Franz. In: Dies.: Eine warme Kartoffel ist ein warmes Bett. Hamburg: Europäische Verlagsanstalt, 1992. (**I.7**: S. 61–64) – Schmeckt das Rattengift. In: Dies.: Hunger und Seide. Reinbek b. Hamburg: Rowohlt, 1995. (**II.9**: S. 39–49)

Jusuf Naoum

Die verlorene Ehre. In: Ders.: Der Scharfschütze. Frankfurt a. M.: Brandes & Apsel, 1988. (**I.3**: S. 19–23)

Aras Ören

Plastikkoffer. In: Ders.: Mitten in der Odyssee. Aus dem Türkischen von Gisela Kraft. Düsseldorf: Claassen, 1980. (**II.1**: S. 32 f.) – Zur Eigenen Vergangenheit die Tradition suchen. Ebd. (**III.2**: S. 31) – Sonntägliche Ermahnung. Ebd. (**III.3**: S. 55 f.) – Biographie. In: Ders.: Dazwischen. Gedichte. Aus dem Türkischen von Helga Dagyeli-Bohne u. Yildirim Dagyeli. Frankfurt a. M.: Dagyeli, 1987. (**II.2**: S. 38)

Emine Sevgi Özdamar

Mutterzunge. In: Dies.: Mutterzunge. Berlin: Rotbuch Verlag, 1990. (**IV.4**: S. 7–12)

Selim Özdogan

Die Wahrsagerin. In: Ders.: Ein gutes Leben ist die beste Rache. Berlin: Rüttgen & Loening, 1998. (**III.6**: S. 114–122)

Christian Pfeiffer / Matthias Kleinmann / Sven Petersen / Tilman Schott

Migration und Kriminalität. Baden-Baden: Nomos Verlag, 2005. (**V.8**: S. 62–64; **V.9**: S. 66–68; **V.10**: S. 68 f.)

Zvonko Plepélic

mein saniertes Kreuzberg. In: Ders.: Jedem das Seine oder auch nicht. Gedichte. Berlin: Edition Neue Wege, 1978. (**II.10**: S. 41)

Said

grenzgänge. eine erinnerung. In: Ders.: In Deutschland leben. Ein Gespräch mit Wieland Freund. München: C. H. Beck, 2004. (**I.5**: S. 13–17; **III.5**: S. 21–23)

Rafik Schami

Der Kummer des Beamten Müller. In: Heinz Friedrich (Hrsg.): Chamissos Enkel. Zur Literatur von Ausländern in Deutschland. München: Deutscher Taschenbuch Verlag, 1986. (**II.5**: S. 99–101)

Christiane Schlötzer

Auf den Kopf gestellt. In: *Süddeutsche Zeitung* vom 20. September 2006. (**V.11**)

Nina Schürmann

Voll krass: Viele Jugendliche fahren auf »Kanak Sprak« ab. In: *Der Sonntag* vom 21. Mai 2006. (**IV.10**)

Zafer Şenocak

Die andere Sprache leben. In: Ders. (Hrsg.): Zungenentfernung. Bericht aus der Quarantänestation. München: Babel Verlag, 2001. (**IV.8**: S. 81–83)

Saša Stanišić

Wie der Soldat das Grammofon repariert. München: Luchterhand, 2006. (**I.4**: S. 112–116)

Yoko Tawada

Eine leere Flasche. In: Dies.: Überseezungen. Tübingen: Konkursbuch Verlag, 2002. (**III.9**: S. 53–57) – Wolkenkarte. Ebd. (**IV.7**: S. 51f.)

Alev Tekinay

Das Lachen. In: Dies.: Die Deutschprüfung. Frankfurt a.M.: Brandes & Apsel, 1989. (**II.7**: S. 67–77)

Eleni Torossi

Gespräch mit Carmine Chiellino. In: Carmine Chiellino (Hrsg.): Die Reise hält an. Ausländische Künstler in der Bundesrepublik. München: C. H. Beck, 1988. (**II.12**: S. 90–92; **IV.6**: S. 95–99)

Annette Treibel

Migration in modernen Gesellschaften. 2., völlig neu bearbeitete Auflage. Weinheim / München: Juventa Verlag, 1999. (**V.4**: S. 138 f.)

Sergio Vesely

Zeig Würde, Mutter. In: Urs M. Fiechtner / Sergio Vesely: Notizen vor Tagesanbruch. Baden-Baden: Signal-Verlag, 1990. (**I.6**: S. 33) – Ordinäres Poem. Ebd. (**II.4**: S. 93 f.)

Aglaja Veteranyi

Warum das Kind in der Polenta kocht. Stuttgart: Deutsche Verlags-Anstalt, 1999. (**I.8**: S. 34 f.; 39; 52 f.; 63–65) – Das Regal der letzten Atemzüge. Stuttgart/München: Deutsche Verlags-Anstalt, 2002. (**II.3**: S. 82 f.)

Nelly Wacker

Geiseln jenes Krieges. In: Dies.: Es eilen die Tage. Gedichte. Stuttgart: Landsmannschaft der Deutschen aus Rußland e.V., 1998. (**III.1**: S. 13)

Tanja Wunderlich

Die neuen Deutschen. Stuttgart: Lucius & Lucius, 2005. (**V.6**: S. 41; **V.7**: S. 179–181)

Feridun Zaimoglu

Die Skinhead Story. In: Ders.: Abschaum. Die wahre Geschichte von Ertan Ongun. Hamburg: Rotbuch Verlag, [3]1999. (**II.13**: S. 12–18) – Gottesanrufung I. In: Ders.: Zwölf Gramm Glück. Erzählungen. Köln: Kiepenheuer & Witsch, 2004. (**III.8**: S. 84–91) –

Kanak Sprak: 24 Mißtöne vom Rande der Gesellschaft. Hamburg: Rotbuch Verlag, [4]1999. (**IV.9**: S. 12–14) – Mein Deutschland. In: *Die Zeit* vom 12. April 2006. (**V.12**)

Zé do Rock

the omas & the opas. In: Ders.: fom winde ferfeelt. Berlin: Verlag Edition Diá, 1995. (**IV.5**: S. 7–9)

Literaturhinweise

Arnold, Heinz Ludwig (Hrsg.): Literatur und Migration. München 2006.

Auernheimer, Georg / Rolf van Dick / Thomas Petzel / Ulrich Wagner (Hrsg.): Interkulturalität im Arbeitsfeld Schule. Empirische Untersuchungen über Lehrer und Schüler. Opladen 2001.

Bauer, Thomas / Klaus F. Zimmermann: Gastarbeiter und Wirtschaftsentwicklung im Nachkriegsdeutschland. In: Jahrbuch für Wirtschaftsgeschichte 2 (1996). S. 73–108.

Bavar, A. Mansour: Aspekte der deutschsprachigen Migrationsliteratur. Die Darstellung der Einheimischen bei Alev Tekinay und Rafik Schami. München 2004.

Chiellino, Carmine: Die Reise hält an. Ausländische Künstler in der Bundesrepublik. München 1988.

– (Hrsg.): Interkulturelle Literatur in Deutschland. Ein Handbuch. Stuttgart/Weimar 2000. [Unverzichtbares Standardwerk; befasst sich z. B. mit den wesentlichen Aspekten der Migration und der Lebenswelt von Migranten in Deutschland; führt in die Literatur von insgesamt 15 in Deutschland lebenden Minderheiten ein; stellt eine Vielzahl von Autoren dieser Minderheiten vor; befasst sich mit Fragen der Interkulturalität; bietet eine sehr umfängliche Bibliographie zum Thema Migration.]

Finkelstein, Kerstin E.: Eingewandert: Deutschlands »Parallelgesellschaften«. Berlin 2006.

Fuhrer, Urs / Haci-Halil Uslucan (Hrsg.): Familie, Akkulturation und Erziehung. Migration zwischen Eigen- und Fremdkultur. Stuttgart 2005.

Han, Petrus: Frauen und Migration. Strukturelle Bedingungen, Fakten und soziale Folgen der Frauenmigration. Stuttgart 2003.

– Soziologie der Migration. Stuttgart ^{2}2005.

Lange, Anja: Migrationsliteratur – ein Gegenstand der interkulturellen Pädagogik?. Frankfurt a. M. 1996.

Luchtenberg, Sigrid: Literatur als Teil interkultureller Kommunikation. In: Dies.: Interkulturelle kommunikative Kompetenz. Kommunikationsfelder in Schule und Gesellschaft. Wiesbaden 1999. S. 169–192.

Pfeiffer, Christian / Matthias Kleinmann / Sven Petersen / Tilman Schott: Migration und Kriminalität. Baden-Baden 2005.

Projekt Migration. Hrsg. vom Kölnischen Kunstverein [u. a.]. Köln 2005. [Äußerst reichhaltige Sammlung von Texten und Bildern zum Thema (aus dem Zeitraum von 1955 bis 2005).]

Robert-Bosch-Stiftung: Migration und Integration (*www.bosch-stiftung.de/content/language1/html/7014.asp*).

Schmalz-Jacobsen, Cornelia / Georg Hansen (Hrsg.): Ethnische Minderheiten in der Bundesrepublik Deutschland. Ein Lexikon. München 1995.

Seifert, Wolfgang: Die Mobilität der Migranten. Die berufliche, ökonomische und soziale Stellung ausländischer Arbeitnehmer in der Bundesrepublik. Berlin 1995.

Treibel, Annette: Migration in modernen Gesellschaften. Weinheim/München [3]2003.

Weinrich, Harald: Um eine deutsche Literatur von außen bittend. In: Merkur. Zeitschrift für europäisches Denken. Jahrgang 37. München 1983. S. 911–920.

Wolff, Karin: Interkulturelle Bildung ist Aufgabe und Herausforderung unserer Schulen – Präsidentin der Kultusministerkonferenz zieht positives Fazit der 21. Europäischen Erziehungsministerkonferenz des Europarates in Athen. KMK-Pressemitteilung vom 12. November 2003.

Wunderlich, Tanja: Die neuen Deutschen. Stuttgart 2005.

Gedichte des Barock. 152 S. 19 Abb. UB 15027

Gedichte des Expressionismus. 86 S. UB 15024

Gedichte des Sturm und Drang und der Klassik. 174 S. 10 Abb. UB 15036

Generationen. Geschichten und Gedichte über Junge und Alte. 102 S. UB 15042

Geschichten vom Erwachsenwerden. 78 S. UB 9598

Geschichten zum Philosophieren. 152 S. 15033

Glück. 115 S. 1 Abb. UB 9575

Glück und Moral. 184 S. UB 9600

Herrschaft durch Sprache. Politische Reden. 150 S. UB 9501

Holocaust-Literatur. Auschwitz. 232 S. UB 15047

Kleine Schule des philosophischen Fragens. 108 S. UB 15028

Kreative Spiele. 172 S. UB 15044

Krieg. Philosophische Texte von der Antike bis zur Gegenwart. 200 S. UB 15055

Kriminalgeschichten. 88 S. UB 9517

Kriminalgeschichten II. 160 S. UB 15039

Logisches Argumentieren. 211 S. UB 15056

Lust am Denken. Texte zum Philosophieren. 152 S. UB 15054

Märchen. 160 S. 9 Abb. UB 15017

Märchenanalysen. 180 S. UB 9532

Methoden der Interpretation. 207 S. UB 9586

Migrantenliteratur. 189 S. UB 15059

Moderne Sagen. Unglaubliche Geschichten. 96 S. UB 15052

Motivgleiche Gedichte. 155 S. UB 15038

Parabeln. 80 S. UB 9539

Philosophische Anthropologie. 168 S. UB 15012

Politische Lyrik. Deutsche Zeitgedichte des 19. und 20. Jahrhunderts. 88 S. UB 9502

Popliteratur. 172 S. UB 15053

Prosa des Expressionismus. 173 S. 8 Abb. UB 15034

Rap-Texte. 126 S. UB 15050

Rhetorik. 152 S. UB 15021

Satirische Texte. 176 S. UB 9525

Schulgeschichten. 80 S. UB 9551

Spieltexte
– 5.-7. Schuljahr. 92 S. UB 9576
– 8.-10. Schuljahr. 96 S. UB 9585

Sprachspiele. 87 S. UB 9533

Theater spielen. Anregungen, Übungen, Beispiele. 160 S. 16 Abb. UB 9588

Theorie der Kurzgeschichte. 96 S. UB 15057

Theorie der Lyrik. 147 S. UB 9594

Theorie der Novelle. 75 S. UB 9524

Theorie des Dramas. 144 S. UB 9503

Theorie des Kriminalromans. 88 S. UB 9512

Theorie des Romans. 151 S. UB 9534

Theorie und Praxis des Erzählens. 192 S. UB 15009

Utopie. 174 S. UB 9591

Verliebt. Zwölf Geschichten. 144 S. UB 15048

Das Wahrheitsgebot oder: Muß man immer die Wahrheit sagen? 79 S. 5 Abb. UB 9579

Wahrnehmen – staunen – begreifen. 176 S. UB 15045

Werbetexte / Texte zur Werbung. 87 S. UB 9522

Philipp Reclam jun. Stuttgart